Data analysis basic lecture for problem solving

# 問題解決のための
# データ分析

Takahashi Ichirou
**高橋威知郎** 著

## 基礎
## 講座

ビジネス教育出版社

# はじめに

「溜まっているデータで、何かして……」

　データ分析の専門家でもないのに、データ分析業務を押し付けられる人も少なくありません。

　それも部署で一番若いからとか、理系出身だからとか、コンピュータに強そうだからとか、取って付けたような理由でデータ分析業務を押し付けられるのです。

　もちろんデータサイエンティストになりたい、データを分析する仕事をしたい、ということで自ら手を上げる人もいます。

　押し付けだろうが何だろうが、「やれ」と言われたら、何かをやらなければなりません。できることと言えば社内にあるデータの整理です。社内のどこにどのようなデータがあるのか、そのデータはどのような状態なのか、整理していきます。

　このような大変な整理もいつかは終わります。整理しながら、あることが心に引っかかっていることでしょう。

「このデータで何をするの……」

　何をすればいいのかを掴むため会社のエライ人や周囲に聞いてみたり、他社事例を調べたり、データサイエンス系のブログや記事などを読んでみたり、データ分析の書籍を買って読みながら付属のサンプルデータで分析をしてみたり、機械学習のセミナーに参加し配布されたサンプルデータで予測モデルを作ってみたり色々と、もがきます。

　周囲に聞いてももっともらしいことを言うだけで、具体的に何をすればいいのか分からず挙句の果てに丸投げするエライ人もいます。

　そして、次のような意味不明なことを言われます。

「それを考えるのも君の仕事だ！」

そして、エライ人や周囲の人に相談しながら「何のために何をすればいいのか」から考え、自分なりにデータ分析を実施し、その分析結果をお披露目すると、次のような小言を言われることがあります。

「そうじゃないんだよな……」
「で？」
「もっとちゃんと考えてよ……」

　無茶苦茶です。このような話しはよく聞きますし相談されます。
　エライ人や周囲の人は、データ分析業務を押し付けた人に、何を期待していたのでしょうか。おそらく期待していることは、「データ（手段）を使って何か素晴らしいこと（目的）を成し遂げること」でしょう。「データ（手段）を使う」ことが前提にあるのです。
　冷静に考えると「手段を目的化すること」が求められているのです。しかし、この「手段が目的化した状態」で分析結果を出すと小言を言われるのです。そのため、「手段が目的化した状態」で、手段が目的化していないかのようにデータ分析の結果をお披露目することが求められるのです。
　慣れないデータ分析業務をしながら、エライ人や周囲の人の心情を推し量り配慮し成果を出すには、相当高度なコミュニケーションスキルが必要になることでしょう。
　そう考えると、部署で一番若いからとか、理系出身だからとか、コンピュータに強そうだからとか、取って付けたような理由でデータ分析業務を押し付けるのではなく、コミュニケーションスキルの相当高い人にデータ分析業務を担ってもらった方がいいでしょう。もしくは、データ分析・活用のプロジェクトの中心になり推進してもらった方がいいでしょう。
　要するに、面倒なことが求められるのです。

　なぜこのような目的（ビジネス課題の解決）と手段（データを使う）が逆転するかのようなことが、データ分析の世界で起こるのでしょうか。最

近は、データ分析やデータサイエンスというキーワードが、「AI（人工知能）」に置き換わり同じようなことが起こっています。

　ビジネスにおけるデータ分析はあくまでも課題解決の手段の1つにすぎず、データ分析をせず解決できる課題はたくさんあります。データを使うことにこだわる必要は、本来ないはずです。

「ビッグデータだ！」
「データサイエンスだ！！」
「AI（人工知能）だ！！！」

　社内でこのような声が叫ばれていると、大変危険です。今お話しした、「溜まっているデータで、何かして……」ということが起こります。

　このように、「データ」というキーワードに前のめりになっているとき、「データを使って」というフレーズが「目的」の前に付きます。例えば、「データを使ってビジネス上の課題を解決しよう！」のようにです。

　そもそも課題解決にとって、データ分析は必須ではありません。「データを使って」という枕詞は不要です。ビジネス課題に取り組む中で、データを使った方が良さそうなときに、そのときデータを上手く使えばいいのです。

　このような状況に陥ると、「データを使う」という視点で、解決すべきビジネス課題などを探し始めます。「データを使う」というフレーズが脳裏にちらつき視野が狭くなります。そして、重要なビジネス課題を見落としたり、データで課題解決できたであろう課題すら見逃すこともあります。

　もし、あなたが「溜まっているデータで、何かして……」と言われ、データ分析業務をすることになっても悲観することはありません。

　課題解決のためのデータ分析は、「課題解決技術」の1つにすぎません。「データ」が絡んでくること以外は、特別なものではありません。

　「データを絡めた課題解決技術」さえ知っていれば、何とかなります。

では、「データを絡めた課題解決技術」とはどのようなものなのでしょうか。

　本書では、「データを絡めた課題解決技術」について説明します。そのため、初歩的な統計解析（統計的推測や検定、多変量解析、ベイズ統計など）を説明するものでもなければ、高度なデータ分析技術（ディープラーニングや XGBoost など）を解説するものでもありません。特定の分析ツール（Excel や R、Python など）の使い方を解説するものでもなければ、数理モデル（一般化線形モデルや状態空間モデル、混合整数計画法など）を説明するものでもありません。

　あくまでも、ビジネス上の課題をデータ分析・活用で解決し、ビジネス成果（売上アップ、コストダウンなど）を上げていくための「考え方」と「手順」を解説したものです。とくに、はじめてデータ分析を活用しビジネス上の課題を解決していこうという方に向けて書いたものです。

　要するに、「溜まったデータで、何かして……」と言われ、データ分析の専門家でもないのに、データ分析業務を押し付けられた人のための本です。もしくは、データサイエンティストになりたい、データを分析する仕事をしたい、ということで自ら手を上げたものの、データ分析の実務経験の少ない人のための本です。

　本書の内容は次の 4 章から構成されています。

1 章　データを活用して、何が嬉しいの？
2 章　なぜ「見える化」しても成果がでないのか？
3 章　ビジネス上の課題をデータ分析で解決しよう！
4 章　データ分析の道具箱

　1 章の「データを活用して、何が嬉しいの？」は、そもそもデータを使う意義というかメリットについて説明します。データを使って何が嬉しい

のかが分からないと、データ分析・活用でどの方向性に向かっているのが不安になってくるでしょうし、モチベーションも続かないことでしょう。

　2章の「なぜ『見える化』しても成果がでないのか？」は、データで何を「見える化」すべきなのかについて説明しています。データを蓄積し「見える化」したけど財務上嬉しい変化（例：売上高上昇、事業貢献利益率アップ、固定費ダウンなど）が起こらない、ということはよくあります。そもそも、「見える化」すべきものが間違っているかもしれませんし、不足しているのかもしれません。多くの場合、「見える化」すべきものが不足しています。

　3章の「ビジネス上の問題をデータ分析で解決しよう！」は、ビジネス上の課題をデータ分析・活用で解決し、ビジネス成果（売上アップ、コストダウンなど）を上げていくための考え方と手順を解説していきます。ある程度のデータ分析の実務経験のある方は、この章を読むだけで十分でしょう。

　4章の「データ分析の道具箱」は、最低限知っておいて欲しいデータ分析技術について説明しています。高度な分析技術は避けています。簡単ですぐに使えそうなものとして、どういったものがあるのかのみ説明しています。この章で説明した分析技術だけで、ビジネス上の課題をデータ分析・活用で解決し、ビジネス成果（売上アップ、コストダウンなど）を上げていくことは可能です。分析ツールを使い、具体的にどのように実施するのかは、他の書籍やインターネット上の情報などを参考にして頂ければと思います。

　「溜まったデータで、何かして……」と言われ、データ分析業務をすることになったらチャンスです。本書を片手に、データ分析・活用の実務を経験し、ビジネス成果をガンガンだしていきましょう。

　データ分析技術などを実務に応用できるスキルを持った人財は非常に少ないのが実情です。この手の分野は、世界に比べて 1 周または 2 周遅れ

とも言われていますが、その分やることも多く、非常にやりがいのある仕事だと思います。

　今求められている、AI・IoT・ビッグデータといった最先端の技術に関する知識やそれらをビジネスに活かす高度 IT 人財になる第 1 歩となることでしょう。

# 目　　次

# 1

# データを活用して、何が嬉しいの？

# 1. データを活用して、何が嬉しいの？

## 1-1. データでミラクルは起こるのか？

### ■ 石橋を叩いて渡る

　あなたは、データサイエンスやアンリティクス（データ分析）に対し、どのような印象をお持ちでしょうか。

　人によっては魔法のような不思議さを感じる方もいれば、最新のテクノロジーを使った派手なイメージをする人もいます。サイエンスという響きが、通常のテクノロジー感を醸し出し、最近の AI ブームが魔法っぽさを味付けしているようです。

　では現実はどうでしょうか。

PC を使う魔法使い≒データサイエンティスト？？？

「石橋を叩いて渡る」ということわざがあります。ご存知の方も多いことでしょう。

意味は、用心に用心を重ねて物事を行うことで、用心深さに対する皮肉を込めて使われることが多いようです。

確かに、壊れる可能性が低い頑丈な石の橋を叩き、強度を確かめながら渡るのですから、相当用心深いことが伺えます。

データを活用するということは、「石橋を叩いて渡る」ようなもの

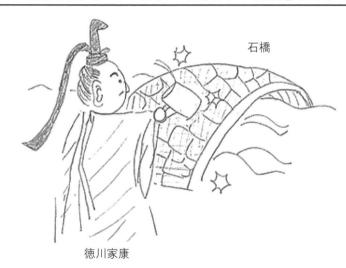

石橋

徳川家康

ビジネスでデータを活用するということは、「石橋を叩いて渡る」ような、失敗を避けるための地味な活動なのです。

## ■ データで不確実性を減らす

今、先の見えない石橋があったとします。

この先行き不透明な石橋を安全に渡るとき、その先がどうなっていそうか予測できると非常に嬉しいことでしょう。全く分からないよりも、なんとなくでもいいので分かる方が大分ましです。

## 先行き不透明な石橋より先の見えた橋の方がいい

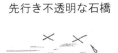
先行き不透明な石橋

先の見える橋

　上手くデータを活用することで、「何が起こるのか予測できない不確実な状況」から、「何が起こるのか予測できる状況」にすることができます。

## データを使い視界良好な状態にする

霧のある視界不良な状態

霧の晴れた視界良好な状態

　しかし、予測できたからと言って、その予測が的中するとは限りませんし、絶対に安全とも限りません。その予測をもとに何をするのかは人が決めます。

## ■　とても簡単な例

　今、あなたは朝ふとんの中で目を覚ましたとします。

　この段階では、通常「今日の天気がどうなるか」は分かりません。情報がほとんどないからです。この場合、「今日の天気」が不確実なことになります。

### 情報がほとんどないため今日の天気がどうなるか分からない

朝目が覚める…

晴かな？？？
雨かな？？？

　そこで、新聞紙や朝のニュース番組、スマホのアプリなどから「天気予報という名のデータ（有益な情報）」を集めます。

　さらに、昨日や一昨日の天候や、目で見た空模様などのデータ化されていない情報も加味し、「今日の天気がどうなりそうか、という有益な情報」を得ます。

　この有益な情報は、「今日の天気がどうなるか見当がつかない」という不確実な状況から、「今日はどうも晴れそうだ」という見通しが立つ状況にしてくれます。

## 有益な情報を得ることで今日の天気の見当が付く

空模様はどうだろう……

新聞の天気予報はどうだろう……

ネットで調べてみよう……

　要するに、「何が起こるのか予測できない」という不確実な状況をデータが打破し、「どうなりそうか」という見当を与えてくれるのです。
　このようなことは、天気に限ったことではありません。

例えば……

- 来月の売上はどうなるだろうか
- このままいくと予算達成できるだろうか
- 受注件数はどこまで伸びるだろうか
- 販売促進施策として何をするのが一番良いだろうか
- いつ設備機器のメンテナンスをすると良いだろうか

- 歩留まりを最大化する設備条件は何であろうか
- 次にどの商材を顧客に勧めるといいだろうか

……など、データを上手く活用することで、不確実性を減らし答えの方向性を導いてくれます。

しかし、あくまでも方向性だけです。最後に意思決定するのは、多くの場合には人間です。

もちろん意思決定するのは人間だけではありません。コンピュータ制御という言葉がある通り、コンピュータが自動的に判断しているケースもあります。最近では、AI（人工知能）が意思決定しているケースもあることでしょう。その判断材料を、データが提供するのです。

## 最後に人間が意思決定する必要がある

今日は晴れだ！！！

## ■ データをいくら集めても、100 発 0 中が当たり前

データを上手く活用することで、「答えの方向性」は導いてくれます。しかし、データをいくら集め上手く活用しても、ピタリと答えを当てることはできません。

どういうことでしょうか。

例えば、データをいくら集めても……

- 「来月の売上は 53 億 4,987 万 9,287 円になります」とピタリと当てる
- 「設備機器は再来月の 2019 年 10 月 3 日 15：24 に故障する」とピタリと当てる

……ことはほぼ不可能です

### データを使ってピタリと当てることはほぼ不可能

データをいくら集めても来月の売上をピタリと当てることはほぼ不可能

その代わり、的に近いところの何かを提示することは可能です。

例えば……

● 「来月の売上は約 50 億です」と予測する

● 「設備機器は来月中にメンテナンスしましょう」と提示する

……ことは可能です。

### データを使って的の中心に近づけることは可能

実際の売上は 53 億円に対し 50 億円と予測

　データがない状態の場合は、答えの方向性すら分からない「的がない状態」です。データがある状態の場合は、答えの方向性の分かる「的がある状態」です。

　そして、それだけ的の中心に近づけるのかは、データの量や質、予測モデルなどに依存します。

## ■　データは「不確実」を「リスク」にするだけ

　つまり、上手くデータを活用することで、「何が起こるのか予測できない不確実な状況」を、「何が起こるのか予測できる状況」にすることができます。この「何が起こるのか予測できる状況」を、「リスク」と言います。

要するに、データは「不確実」を「リスク」にするのです。

データは「不確実」を「リスク」にする

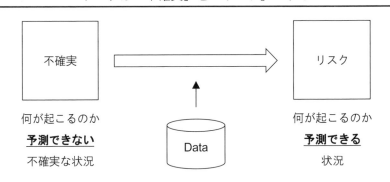

この話を聞いて、「意味が分からない！」という方もいるかもしれません。リスクという言葉にネガティブな印象を強く持たれている方であれば、「データでリスクが生まれるなら、そんなデータ活用は嫌だ！」と思うかもしれません。

データ分析・活用の世界では、「リスク」は「不確かさ（ばらつき）の程度」を意味します。「ますます分からない！！」という方もいると思います。

簡単な例（「銀行預金」と「宝くじ」の例）を使い、「不確かさ（ばらつき）の程度」について説明します。

今、あなたは 100 万円を持っているとします。
あなたには 2 つの選択肢があります。

● 選択肢 1：100 万円すべてを銀行に預金する
● 選択肢 2：100 万円すべてを使い宝くじを買う

銀行預金をする場合と宝くじを買う場合とでは、1 年後に得られるリターンと、その「不確かさ（ばらつき）の程度」（リスク）が異なります。

　銀行に預金すれば、100 万円＋α（金利分）のリターンをほぼ確実に得られることでしょう。

　宝くじはどうでしょうか。リターンが 0 円の可能性もありますし、数億円になる可能性もあります。数億円になる確度は限りなく小さいことでしょう。

　この例では、銀行に預金する場合のリターンの「不確かさ（ばらつき）の程度」（リスク）が小さく、宝くじを買う場合のリターンの「不確かさ（ばらつき）の程度」（リスク）が大きいと言えます。

　言い換えると、銀行預金はリスクが小さく、宝くじはリスクが大きい、となります。

### 銀行預金はリスクが小さく、宝くじはリスクが大きい

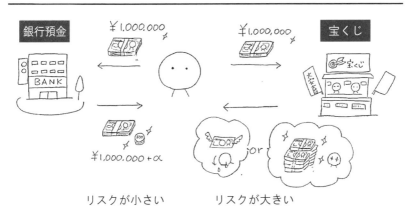

　そのため、リスクには「ポジティブ方向のリスク」（例：リターンが高くなるリスク）と「ネガティブ方向のリスク」（例：リターンが低くなるリスク）があります。

　ハイリスク・ハイリターンとは、大きなリターンを得る可能性はあるものの、大きなリスク（どちらに転ぶか分からない）を伴うということです。

このリスク（不確かさの程度）そのものも、良質なデータをたくさん集め、素晴らしいデータ分析をすることで、より小さくすることができます。

　要するに、データを集め活用することで、「何が起こるのか予測できない不確実な状況」を「予測できるリスクのある状況」にし、「データを上手く活用することでリスク（不確かさの程度）そのものをできるだけ小さくし石橋を渡る」ということです。

# 1-2. データでより良い果実を確実にする

## ■　データで、リターン最大かつリスク最小な夢の状態に近づこう！

　ビジネスの世界のデータ活用は、単に「データを上手く活用することでリスク（不確かさの程度）そのものをできるだけ小さくし石橋を渡る」だけではいけません。

　つまり、売上や利益などのリターンを得る必要がでてきます。そのため、「データを上手く活用することで、リターンをできるだけ大きくしつつ、リスクをできるだけ小さくし、石橋を渡る」ということになります。

　そのために、データを使いどのようなことをすればいいのでしょうか。例えば、次のようなことをします。

---

データを上手く活用することで、
「リターン最大」かつ「リスク最小」に近づくための
「条件」（営業・販促活動や顧客行動、顧客属性、など）や
その「条件」と「リターン」や「リスク」との「関係性」（受注と訪問回数の関係など）を見つけ、
その「条件」が変わった場合どうなるかを「予測」する

---

キーワードは次の５つです。

● リターン最大
● リスク最小
● 条件
● 関係性
● 予測

余計分かりにくくなったかもしれません。

次にこのキーワードを中心に、どういうことなのかを、具体的な例をあげて説明していきます。

## ■　1,000万円を投資するなら、どの銘柄？

今、あなたは1,000万円を持っています。

このお金で、あなたは次の4つの株の銘柄（銘柄A・銘柄B・銘柄C・銘柄D）の1つに投資をします。

1,000万円を投資するなら、どの銘柄？

| 銘柄 | 投資収益 | | |
|---|---|---|---|
| | リターン（期待収益） | 標準偏差 | 振れ幅 |
| 銘柄A | 100万円 | 60万円 | −20万円 ～ 220万円 |
| 銘柄B | 25万円 | 10万円 | 5万円 ～ 45万円 |
| 銘柄C | 50万円 | 25万円 | 0万円 ～ 100万円 |
| 銘柄D | 50万円 | 10万円 | 30万円 ～ 70万円 |

※振れ幅：下方管理限界～上方管理限界
・下方管理限界：期待収益−2×標準偏差
・上方管理限界：期待収益＋2×標準偏差

幸運なことに、1年後の株から得られる「リターン」（期待収益）と「リスク」（標準偏差）が分かっています。

　ここで言う「リターン」（期待収益）とは、投資から得られるかもしれない収益の見込みです。例えば、1,000万円投資して1年間で1,100万円の回収が見込めるのであれば、期待収益は100万円になります。

　しかし、現実は「リターン」（期待収益）通りに収益を得ることは、ほぼありません。「リターン」（期待収益）を中心にばらつきます。1年後に1,000万円が1,300万円（収益は300万円）になるかもしれませんし、900万円（収益は−100万円）になるかもしれません。

　この収益の「ばらつきの程度」を「リスク」（標準偏差）と言います。

　ここで、標準偏差の概念を、次のグラフを使い簡単に説明します。標準偏差そのものはExcelなどで簡単に計算できるようなものです。

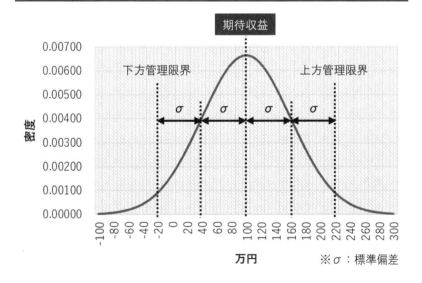

標準偏差は収益の「ばらつきの程度」（リスクの大きさ）を表す

　グラフの「横軸」は、収益を意味します。グラフの「縦軸」の「密度」とは「確率密度」を意味します。

　確率密度とは横軸の値（この例では収益）の「相対的な起こりやすさ」を表すもので、

　この例ですと期待収益 100 万円が最も出やすいということになります。つまり、1,000 万円が 1,100 万円になる見込みが最も大きい、ということです。

　グラフ上に「σ（シグマ）」という記号が記載されています。この「σ（シグマ）」が標準偏差になります。

　次のように、標準偏差σが小さいとグラフの山は鋭くなり、期待収益に近い収益を得られる可能性が高くなります。一方、標準偏差σが大きいとグラフの山はなだらかになり、収益は大きくなりかもしれないが小さくなるかもしれない、という感じになります。

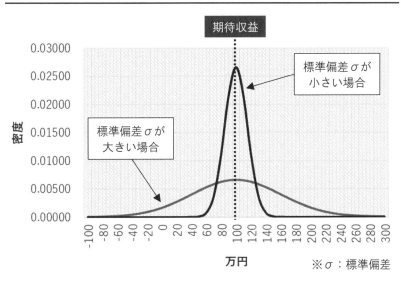

　銘柄によって、リターン（期待収益）とリスク（標準偏差）は異なります。そのため、銘柄によってこのようなグラフが異なってきます。

では、問題です。

同じ「リターン」（期待収益）の 2 つの銘柄があったとき、あなたはどちらを選びますか。

1 つは「リスク」（標準偏差）が大きく、もう一方は「リスク」（標準偏差）が小さいのです。

期待収益の同じ 2 つの銘柄、あなたはどちらを選びますか？

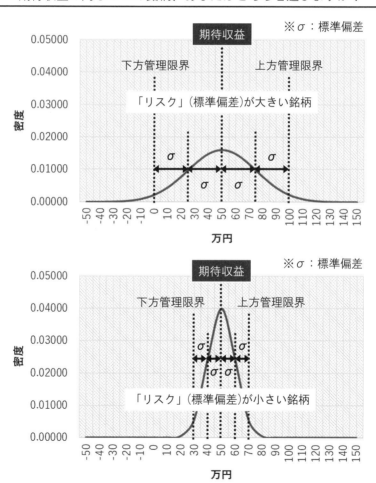

　通常は、「リターン」（期待収益）が同じであれば、「リスク」（標準偏差）がより小さい方を選びます。つまり、リスク最小化を目指します。

　では、同じ「リスク」（標準偏差）の 2 つの銘柄があったとき、あなたはどちらを選びますか。

　1 つは「リターン」（期待収益）が大きく、もう一方は「リターン」（期待収益）が小さいのです。

**標準偏差の同じ 2 つの銘柄、あなたはどちらを選びますか？**

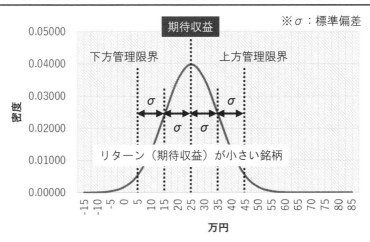

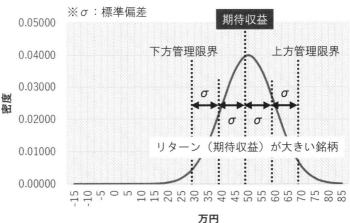

通常は、「リスク」（標準偏差）が同じであれば、「リターン」（期待収益）がより大きい方を選びます。つまり、リターン最大化を目指します。

話しを戻します。

あなたは 1,000 万円を、どの株の銘柄の 1 つに投資をしますか。

1,000 万円を投資するなら、どの銘柄？

リターン最大化だけを考えると A 銘柄になります。しかし、損する可能性もあります。

リスク最小化だけを考えると B 銘柄と D 銘柄になります。D 銘柄のリターンが、B 銘柄より大きいので、D 銘柄の方が良さそうです。

このように、リターン最大化とリスク最小化はトレードオフの関係に陥りやすくなります。どちらを優先すべきでしょうか。それは状況によります。

基本は、許容できるリスクの振れ幅の中で、最大のリターンを目指すのが良いでしょう。私の場合は、D 銘柄を選びます。

株式投資では、「リターン」を「期待収益」、「リスク」を「標準偏差」

としましたが、データ活用の対象によって、「リターン」と「リスク」の
定義は変わります。

　少なくとも、「リターン」は何かの期待値（例：売上、受注件数、歩留
まり、など）となり、「リスク」はばらつきの程度や振れ幅などとなりま
す。

### ■　法人営業の例で考えると……

　次に、法人営業の新規顧客ターゲット選定で考えてみます。

　ある商材の過去の実績データから、受注金額と受注件数の関係を描いた
ら、次のようなグラフになりました。

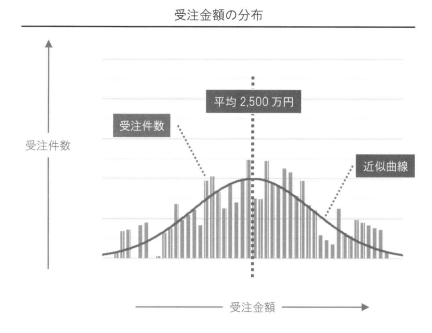

受注金額の分布

　この商材カテゴリの受注金額の平均額は 2,500 万円です。この商材の新
規受注のリターン（期待受注金額）は、2,500 万円になります。

グラフから分かる通り、受注金額はばらついていることが分かります。このばらつきの程度を、ここでも「標準偏差」で表現します。ちなみに、標準偏差を2乗すると「分散」と呼ばれます。どちらもばらつきの程度の指標として使うことができます。

　この商材カテゴリは「商材A」と「商材B」の2つの商材からなります。ほぼ同じ商材ですが、メーカーが異なります。

　商材ごとに同様のグラフを描いたら、次のようになりました。

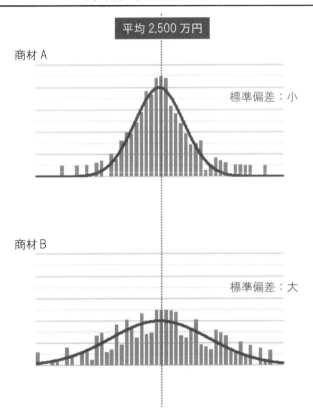

商材別の受注金額の分布

平均2,500万円

商材A

標準偏差：小

商材B

標準偏差：大

このグラフから分かりことは2つあります。

● 商材Aと商材Bのリターン（期待受注金額）は同じ
● 商材Aのリスク（標準偏差）は、商材Bよりも小さい

あなたは、どちらの商材を扱いたいでしょうか。

データを活用して石橋を叩いて渡るというコンセプトのもとでは、商材Bを選択します。なぜならば、商材Bのリスクの方が小さいからです。

このことから、「商材の種類」によってリスクが変化することが分かります。この「商材の種類」が、「リターン最大」かつ「リスク最小」に近づくための「条件」の1つになります。

このように、データを上手く活用することで、リスクをどんどん小さくすることができます。

過去の実績データから、どの企業が何を受注したのかが分かります。
商材Bに関して、受注企業の業種ごとに、先ほどと同様のグラフを描いてみたら、次のようになりました。

## 商材 B の業種別の受注金額の分布

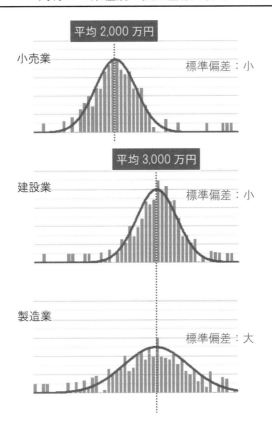

　このグラフから、業種によってリターン（期待受注金額）が異なり、リスク（標準偏差）も異なるということが分かります。

　このことより、「リターン最大」かつ「リスク最小」に近づくための「条件」の1つとして「業種」も考えられそうです。

　さらに、リスク（標準偏差）の大きい商材 B の製造業に関し、自社で開催したイベントへの来場経験の有無別で、同様のグラフを描いてみたら、次のようになりました。

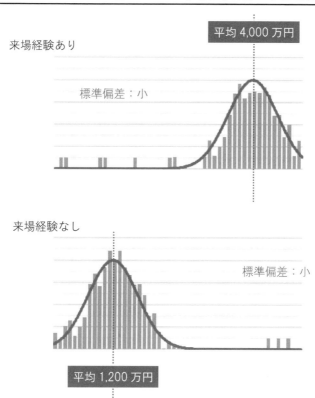

商材Ｂの製造業「自社開催イベント来場経験別」の受注金額の分布

来場経験あり

標準偏差：小

平均4,000万円

来場経験なし

標準偏差：小

平均1,200万円

　自社で開催したイベントへの来場経験の有無に分けると、リターン（期待受注金額）が大きく異なり、リスク（標準偏差）が劇的に小さくなりました。

　このことより、「リターン最大」かつ「リスク最小」に近づくための「条件」の１つとして「自社で開催したイベントへの来場経験」も考えられそうです。

## ■ より確実により良いリターンを得ることができる

繰り返しになりますが、次のようなことがデータを上手く分析することで可能となります。

> データを上手く活用することで、
> 「リターン最大」かつ「リスク最小」に近づくための
> 「条件」（営業・販促活動や顧客行動、顧客属性、など）や
> その「条件」と「リターン」や「リスク」との「関係性」（受注と訪問回数の関係など）を見つけ、
> その「条件」が変わった場合どうなるかを「予測」する

キーワードは次の5つでした。

- リターン最大
- リスク最小
- 条件
- 関係性
- 予測

先ほどの法人営業の新規顧客ターゲット選定の例から、「リターン最大」かつ「リスク最小」に近づくための「条件」として、次の3つが分かりました。

- 商材の種類
- 業種
- 自社で開催したイベントへの来場経験

この「条件」と「リターン」（期待受注金額）や「リスク」（標準偏差）との「関係性」も、グラフから読み取れます。

　「今まで何がどうなっていたのか」、そして「今後何をすべきなのか」は、先ほどの例で示したようなグラフから、ある程度は見えてくることでしょう。「リターン最大」「リスク最小」のコンセプトに則り、何をすべきかを考え実行すればいいだけです。

## 理想に近づくための「条件」を探り何をすべきかを考える

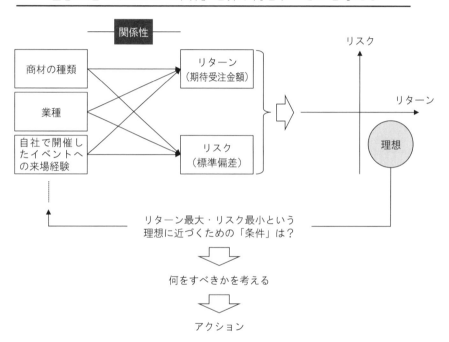

　もちろん、人によって、ハイリスク・ハイリターンを好んだり、ローリスク・ローリターンを好んだりします。好みの問題です。

　データを活用するからには冒険はしません。確実な道を歩みます。しかし、ローリスク・ローリターンではありません。ローリターンは通常狙いません。

データをフル活用すると、現実は「ローリスク・ミドルリターン」ぐらいに落ち着きます。許容できるリスクの中で、リターンを最大化するという感じです。

　今回の例では、「条件」は 3 つだけでしたが、通常は数十から数百ぐらいにはなります。「条件」が 2 つ 3 つだけであれば、グラフなどを見て今後何をすべきかを判断できますが、「条件」が 10 以上となるとわけが分からなくなります。

　「条件」の中には、日々変化する条件（例：昨日の顧客のクレーム内容、名刺交換枚数、顧客企業の株価状況など）もあるため、人が見で見て判断することを超えた何かが必要になります。

　そこで登場するのが、数理モデル（予測モデルや異常検知モデルなど）です。データサイエンスやビッグデータ、機械学習、AI（人工知能）などのキーワードを聞いたとき、真っ先に思い浮かべる人も多いことでしょう。数理モデルそのものについては、第 4 章で説明します。

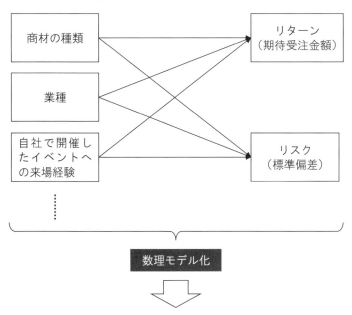

関係性を数理モデル化し活用する

数理モデル化

予測や異常検知、要因分析などに利用

　このような数理モデルを使うことで、膨大な「条件」などに対し対処することができるようになります。

　例えば、次のようなことが実現できます。

- 「リターン最大」かつ「リスク最小」に近づくための「条件」（営業・販促活動や顧客行動、顧客属性、など）の発見や明確化
- 「条件」と「リターン」や「リスク」との「関係性」（受注と訪問回数の関係など）の発見や明確化
- その「条件」が変わった場合どうなるかの「予測」やシミュレーションなど

数理モデルはツールの 1 つに過ぎませんが、非常に強力なツールです。しかし、数理モデル構築に凝りだすとろくなことになりません。高度で使いにくいモデルや、予測精度が高いものの実務で使い道のないモデルなど、活用視点の欠けたモデルが量産されがちです。

　そのため、数理モデルの構築は「実務」を強く意識して作る必要があります。

## ■　フィッシュボーンチャートと数理モデル

　本書では、数理モデルについて触れることもあるため、数理モデルの説明で頻繁に登場する用語や表現方法について、簡単に説明します。

- 目的変数（もしくは、Y という記号で表現することもある）
- 説明変数（もしくは、X という記号で表現することもある）
- フィッシュボーンチャート（魚の骨図）

　予測対象を「目的変数」（例：受注金額、など）、この目的変数を変化させる変数を「説明変数」（例：商材の種類、業種、自社で開催したイベントへの来場経験、など）と呼んだりします。また、「目的変数」を「Y」、「説明変数」を「X」という記号で表現することもあります。

　「目的変数 Y」と「説明変数 X」の関係性を、次のような「フィッシュボーンチャート」（魚の骨図）で図示化し表現することが多いです。第 4 章で説明する QC 7 つ道具の 1 つです。

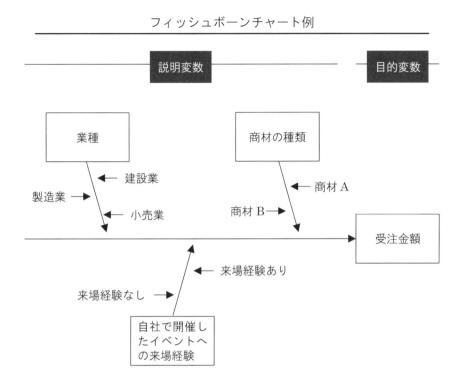

図示化しただけでは絵に描いた餅です。コンピュータを用い、フィッシュボーンチャートで描いた予測モデルを、データを使い学習し構築します。具体的には数式を求めます。

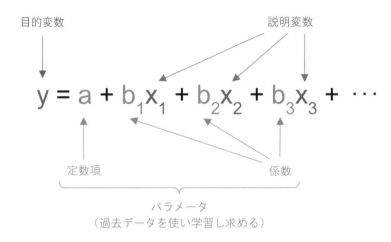

フィッシュボーンチャートをもとに数式化したイメージ

目的変数　　　　　　　　　　　　　説明変数

$$y = a + b_1 x_1 + b_2 x_2 + b_3 x_3 + \cdots$$

定数項　　　　　　　　　　　　　係数

パラメータ
（過去データを使い学習し求める）

　数式を構築してしまえば、後は使うだけです。「説明変数」である「商材の種類」「業種」「自社で開催したイベントへの来場経験」を変化させたときに、どのようにリターン（期待受注金額）などが変化するのかを、シミュレーションさせることができるようになります。

## 1-3. 企業規模なんて関係ない！

### ■　データ活用の上手くいっている企業って、どんな企業？

　あなたは、データ活用の上手くいっている企業として、どのような企業を思い浮かべますか。

　当然ながら、人によって思い浮かべる企業は異なります。この質問をすると、GAFA（Google, Amazon, Facebook, Apple）のいずれかの企業をあげる人も多いです。

　もしくは、大企業の名前をあげる人も少なくありません。大企業の方が、

中小零細企業に比べ、豊富な資金力と多くの人財を抱えているからでしょう。意外と大企業神話は根強く、大企業でないとデータ活用にチャレンジできないと思っている人も、少なくありません。

　データサイエンスやビッグデータ、AI などのニュースに敏感な方だと、ネット系企業（Yahoo など）、ゲーム系企業（DeNA など）、SNS 系企業（LINE など）、通信キャリア系企業（Softbank など）などの、大企業化した勢いのある新興 IT 企業をあげる方もいます。他には、リクルート系の企業やコマツなどでしょうか。

　大企業神話は日本で根強いですが、人によっては、古くからの大企業ほど上手くいっていない印象を持つ方もいることでしょう。

　他社の IT 化を支援している IT ベンダー企業や Sier 企業（システムインテグレーター）などの社員であれば、次のように感じているかもしれません。

---

資金力にものを言わせ、

多大なる投資をし、

PoC（実証実験）という名のトライアルを実施したものの、

PoC で目立った成果がでない、

その先の実務活用に進まない、

進んだとしても、現場に IT 化の不効率をもたらす

---

## ■　IT 化の不効率と PoC（実証実験）貧乏

　「とりあえず PoC だ！」という感じで、トライアルはするけど、その先に進まず収益上良い方向に進んでいない。もしくは、PoC 後に強引に先に進み、現場に混乱と面倒をもたらし、投資コストの割にプラスの便益が少ないどころか、マイナスの便益しかない。

　要するに、コストに見合った何かを全く得ていないということです。大

企業に多い印象です。

　もちろん、このようなチャレンジは悪いことではありません。中長期的に何か良いことをもたらす可能性があるからです。

　データ活用に限らず、IT 化投資に対し似たようなことが、昔からあります。社内システムを高度に IT 化したと思ったら、現場業務が不効率（マイナスの便益）になることがあります。

　私は、このような現象を「IT 化の不効率」と呼んでいます。

　例えば、社内申請システムを現場業務無視で作ったため、紙で申請していた時代は小 1 時間でできた申請が、IT 化後に半日かかってしまう。酷い場合だと 1 日かかる場合もあります。

　ある企業で調べてみると、現場のビジネスパーソンがシステムの使い方や入力方法が分からず、そのシステムを使うたびに、使い方を都度調べていることが分かりました。システムのマニュアルを社内共有フォルダから探し読んだり、知っていそうな人に聞いたりしていたようです。

## IT 化の不効率

便利になると思い、社内システムを高度に IT 化したと思ったら逆に不便になる……

　そこで、入力支援 AI（人工知能）という名の「チャットボットを作ろう！」となった企業がありました。そして実際作りました。チャットボットとは、文章や音声を通じて会話を自動的に行うプログラムのことです。身近過ぎて、意識しないで生活している人も多いかもしれません。

　このチャットボットは優れもので、入力候補をレコメンドしてくれるのです。しかし、現場では「うっとうしい」という理由で活用されないどころか、「入力の邪魔で、逆に時間がかかるから消してくれ」という要望が出るぐらいです。

　この企業の場合、不効率化した IT システムの一部を AI 化したらより酷くなった、という感じです。

そのような IT システムでも、いいことがあります。IT 化のメリットの一つにデータが発生するというのがあります。そのため、発生したデータを蓄積してさえいれば、何かに使える可能性のあるデータが大量に蓄積することができるのです。

　しかし、多くの IT システムから発生するデータは、データ活用しやすいように蓄積されていません。そのため、IT システムからデータを取り出すのに一苦労し（社内調整やシステム上の制約など）……　そのデータを分析できる状態にするのにさらに苦労し（データのコンディションチェックや整備など）……　みたいな感じで、なかなかデータ分析できる状態にたどり着けません。

　つまり、IT 化の不効率をもたらしたあげく、IT 化によって発生したデータも活用しにくいという、何とも言えない状況が生まれることも少なくありません。

　そのようなこともあり、最近はデータ活用を前提にした、もしくは、データ活用しやすくする IT ツールも出てきています。

　例えば……

- BI（ビジネスインテリジェンス）だの、
- MA（マーケティングオートメーション）だの、
- CRM/SFA（顧客管理システム/営業支援システム）だの、
- DMP（データマネジメントプラットフォーム）だの、

……などです。

　しかし、このような IT ツールは、企業としてデータを活用した気分にさせるものの、実際は現場で上手く活用されていないケースも少なくありません。現場でこれらの IT ツールを使わなくとも、実務に影響がないためです。

　そのため、最低限決められた使い方しかせず、ビジネス的なインパクト（売上アップ、コストダウン、利益率向上など）を起こせないケースも多々あります。

　このような場合、IT ツールの運用維持コストが垂れ流し状態になり、ビジネス的には良くありません。データ活用を推進し、利益を圧迫しているからです。

　最近では、このような IT ツールを導入後 1, 2 年経過後、財務諸表にポジティブなインパクトが無いことから、データ活用が上手くいっていないことに、経営層が気づくケースもたまに見受けられます。

　データ活用が上手くいけば、財務諸表にポジティブなインパクトがあるはずです。データ活用で売上が上がれば、「売上高」が伸びますし、効率化やコストカットが上手くいけば「営業利益」や「事業貢献利益」などの利益が改善されます。

　悲観的な話しが続きましたが、もちろん活用し成果を出している企業もあります。

　どのような企業でしょうか。

## ■　業種も資本規模は関係ない

　一般財団法人 商工総合研究所の調査報告書に「中小企業の IT 活用」（https://www.shokosoken.or.jp/chousa/youshi/27nen/27-8.pdf）をみてみましょう。

　この報告書の「社内外に蓄積されたデータを事業に活用してるか」という設問の回答結果から、例えば次の 3 つのことが読み取れます。

- データ活用が上手くいっているかどうかと、業種はあまり関係ない
- データ活用は、生産性向上（売上増、効率化、コストカットなど）に良い影響を与えている
- 資本規模が大きいからといって、データ活用が上手くいきやすいわけではない

## 社内外に蓄積されたデータを事業に活用しているか

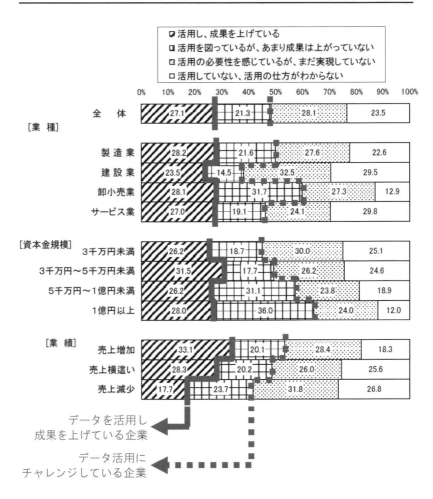

引用元：一般財団法人 商工総合研究所『中小企業のIT活用』（2016年）を一部加工

　では、どのくらいの企業がデータ活用にチャレンジし、そして、その内どのくらいの企業がデータ活用で成果をだしているのでしょうか。

　回答企業の中でデータ活用にチャレンジしている（「活用し、成果を上げている」もしくは「活用を図っているが、あまり成果は上がっていない」と回答した企業）のは、約50%です。

　そのデータ活用にチャレンジしている企業の中で、「活用し、成果を上げている」の割合（データ活用成功割合）は、50%を超え約56%です。

　ざっくり言うと、半数の企業がデータ活用にチャレンジし、その内半数の企業がデータ活用で成果をだしている、ということです。

　さらに、このグラフから分かる通り、データ活用が上手くいっているかどうかと、業種はあまり関係ないことが分かります。

## ■　資本規模が大きいほど、失敗しやすい

　資本金との関係はどうでしょうか。少なくとも、「資本規模が大きいほどデータ活用成功割合が高くなる」といった傾向は見られません。

　資本金 1 億円以上の企業の、データ活用をチャレンジしている割合が 64%（「活用し、成果を上げている」と回答した企業が 28%、「活用を図っているが、あまり成果が上がっていない」と回答した企業が 36%、その合計をチャレンジした割合とした）と最も高いですが、その成功確率は 44%と最も低くなっています。

　この調査結果は中小企業に関するものです。しかし、私の印象では大企業・中堅企業にも当てはまる印象があります。

　先ほどお話しした PoC 貧乏に相通ずるものです。私の知っている PoC 貧乏に陥っている企業は、すべて大企業です。しかも、古くからある日本を代表する企業です。

　つまり、大企業は、この調査結果の「資本金 1 億円以上の企業」よりも多くの企業がチャレンジし、そしてその成功確率が低いのではないかと、想像できます。

## ■ データを活用し、どのような成果を上げているのか？

　では、データ活用で上手くいったと回答した企業は、どのような成果を手にしているのでしょうか。

　幸運なことに、「中小企業の IT 活用」の調査データの中に、「データ活用の成果」に対する回答（複数回答）があります。

### データ活用の成果

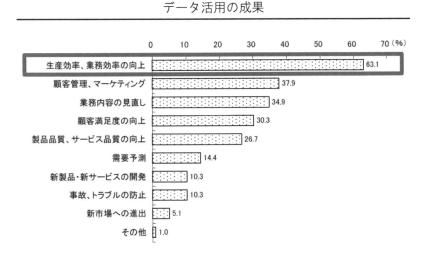

引用元：一般財団法人 商工総合研究所『中小企業の IT 活用』（2016 年）を一部加工

　「活用し、成果を上げている」と回答している企業の 63.1％が、「生産効率、業務効率の向上」をあげています。

　夢のような新しい収益源を生み出すというよりも、現状の業務活動を良くするためのデータ活用で、成果をあげているということです。データを使った改善・変革活動です。

　地味ですが重要で、確実な成果を望めます。日本企業に向いています。

# 1-4. データを利益に変えるちょっとした考え方

## ■　日本企業は改善・変革のためのデータ活用が向いている

　今、夢のような新しい収益源を生み出すというよりも、現状の業務活動を良くするためのデータ活用が、日本企業が向いているのではないかというお話しをしました。

　最近調子のいい GAFA（Google, Amazon, Facebook, Apple）でイメージするのは、「夢のような新しい収益源」を生み出すほうです。個人情報をはじめとした様々なデータを収集し、そして上手く活用し、競争優位な状況を作り出し急成長したと言われている企業です。もちろん、それだけではないとは思います。

　身近なところでは Google の検索連動型広告サービスが分かりやすいです。

### Google の検索連動型広告ビジネス（イメージ）

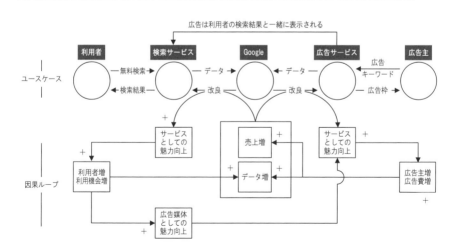

データが増えれば増えるほどサービスの魅力が高まり、サービスの魅力が高まれば高まるほどデータが増え、このループが回り続けることで収益が拡大しているのです。

　このようにデータを競争力の向上に活かす経済のことを、データエコノミーといいます。データが、ビジネスの成長の大きな鍵の1つになっています。

　しかし、データは大きな鍵の1つにすぎません。そもそものアイデアやそれを実現する力、そのための土壌が重要になってくることでしょう。それが今の（もしくは、今までの）GAFAにはあるのだと思います。

　データ活用は、このようなデータエコノミーを生み出すためだけにあるのではありません。地味ですが、日々の業務などの改善・変革活動を実現することにも使えます。

　日本企業の歴史から考えると、日々の業務などの改善・変革活動を実現するためのデータ活用の方が向いている気がしますし、実際に実績を出し続けています。その代表例が製造業の生産現場で行われているSQC（統計的品質管理）です。

　生産現場では、日々何かしらのデータが発生しているため、非常にデータ活用の場に適しています。最近のIoT（モノのインターネット）ブームもあり、今まで以上に生産現場からデータが日々発生し、その活用が期待されています。

　一昔前に比べ、データの蓄積量が増えたのは生産現場だけではありません。営業・販促の関するデータも増え始めています。

　例えば、BI（ビジネスインテリジェンス）やMA（マーケティングオートメーション）、CRM/SFA（顧客管理システム/営業支援システム）、DMP（データマネジメントプラットフォーム）などを導入する企業が、最近増えました。

　実際、この辺りのシステムやツールなどを提供している、代表的な企業であるセールスフォース・ドットコムの業績は、相変わらず絶好調です。

セールスフォースドットコムの売上推移（単位：億ドル）

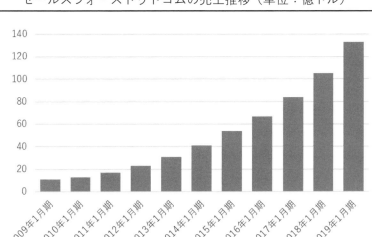

引用元：セールスフォースドットコム（salesforce.com, Inc.）「Annual Report」
（http://www.annualreports.com/Company/salesforcecom-inc）

　一昔前までは CRM と言えば大企業のイメージが強かったですが、最近は中小企業や個人事業主も導入し活用しています。それだけ安価になり、使いやすくなったのです。

　要するに、営業・販促系のデータが蓄積され活用される環境が急速に整えつつあるのです。多くの大企業は、すでに整えていることでしょう。その波が、中小企業にも及んでいます。営業・販促は、どの規模の企業にも必要不可欠な活動だからです。

## ■ 生産性を上げる 2 つの方法

生産性は、「生産性＝アウトプット÷インプット」で計算されます。アウトプットは売上であったり、生産量であったりします。インプットはお金であったり時間であったりします。

生産性

$$\text{生産性} = \frac{\substack{\text{アウトプット} \\ \text{（売上や生産量など）}}}{\substack{\text{インプット} \\ \text{（お金や時間など）}}}$$

この生産性の数値の上げ方は 2 つあります。

● アウトプットを大きくする
● インプットを小さくする

アウトプットを売上、インプットを投資金額とすれば、生産性を上げるには、売上を増やすか、投資金額を減らすか、ということになります。

アウトプットを生産量、インプットをサイクルタイムとすれば、生産性を上げるには、生産量を増やすか、サイクルタイムを短くするか、ということになります。

## ■ いきなり売上アップするよりコストダウンの方がやりやすい

例えば、データを使うだけで、いきなり生産量を増やすことは至難の業です。データを使うだけで、いきなり売上を増やすのも至難の業です。

つまり、データで、いきなりアウトプットだけを大きくする（売上アップや生産量増など）のは難しいケースが多いです。

　データで、インプットだけを小さくする（コストダウンや時間短縮など）ほうが、アウトプットをいきなり大きくする（売上アップや生産量増など）よりも、簡単なケースが多いです。

　例えば、データを使い、生産量をできるだけ減らさずにサイクルタイムを短縮することは、比較的やりやすいです。実際に、生産現場の改善活動の一つとして実施されています。

　営業・販促でも、売上をできるだけ減らさずに販促コストを減らすことは、比較的やりやすいです。

　コストパフォーマンスの悪い販促施策を見つけ、コストパフォーマンスの高い販促施策に、販促投資を振り分ければいいからです。

## ■　データを利益に変える考え方

　データを利益に変えるシンプルな考え方があります。次の2ステップです。

- 先ずは、データで生産効率・業務効率を推し進める
- 次に、売上や生産量などのアウトプットを拡大する

　先ずはデータを使いインプットを小さくし、生産効率・業務効率を高めましょう。

　例えば、生産量をできるだけ減らさずに、時間やコストを減らしていく。売上をできるだけ減らさずに、販促コストなどを減らしていく。

　このことで、生産性はアップします。

**Step 1：生産効率・業務効率を上げる**

アウトプットを大きく落とすことなくインプットを小さくする（コストダウン、サイクルタイム短縮など）ことで、生産効率・業務効率を上げる

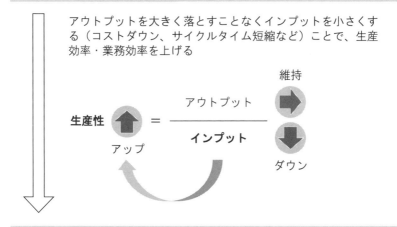

**Step 2：効率化された状態でインプットを増やす**

生産効率・業務効率が高い状態で、インプットを大きくすることで、アウトプットを大きくする

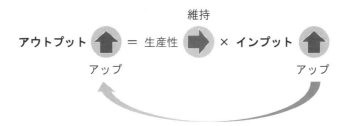

　データで生産効率・業務効率を良くなり生産性アップが実現したら、次に売上や生産量などのアウトプットを大きくすることを考えましょう。ちなみに、「アウトプット＝生産性×インプット」です。

　非常にシンプルな話で、生産効率・業務効率が非常によい状態で、インプットを大きくしアウトプットを大きくしましょう、ということです。

## ■　簡単な数字を使った例

　例えば、アウトプットが「100」で、インプットが「50」だったとします。このとき生産性は、「100÷50」なので「2」です。

　今、アウトプットを減らさずインプットを「20」まで減らし、生産効率・業務効率を高めることに成功したとします。このとき生産性は、「100÷20」なので「5」です。つまり、生産性が「2」から「5」になったのです。

「Step 1：生産効率・業務効率を上げる」の簡単な例

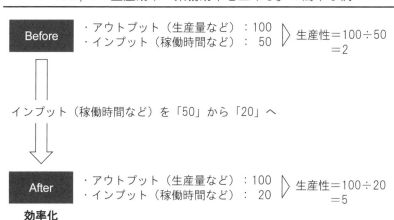

　この生産性の状態で、インプットを「60」に増やしたとします。そうすると、アウトプットは「5×60」なので「300」になります。

## 「Step 2：効率化された状態でインプットを増やす」の簡単な例

**効率化**

Before ・生産性（生産効率など）：5
・インプット（稼働時間など）：20 ▷ アウトプット＝5×20
＝100

インプット（稼働時間など）を「20」から「60」へ

After ・生産性（生産効率など）：5
・インプット（稼働時間など）：60 ▷ アウトプット＝5×60
＝300
**収益拡大**

# 2

# なぜ「見える化」しても成果がでないのか？

# 2. なぜ「見える化」しても成果がでないのか？

## 2-1. 「見える化」の誘惑

### ■ あれ？ ビジネスインパクトがない！

　私は仕事柄、幸運にもあるものを見せられることが度々あります。ある人は自慢げに、ある人は不安げにあるものを見せて語ってくれます。

　そのあるものとは、社内のデータを集約し、美しく見える化した BI（ビジネスインテリジェンス）ツールの画面（ダッシュボード）です。

　その BI の多くが、「Excel など加工し社内共有されていた財務・業績データを、BI でほぼ一元化し見える化した」という感じのものです。おそらく、ものすごい苦労があったことが想像できます。

データ活用のための基盤があることを自慢

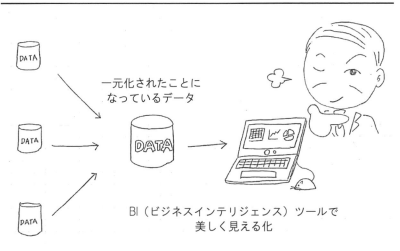

一元化されたことに
なっているデータ

BI（ビジネスインテリジェンス）ツールで
美しく見える化

　苦労しただけあって、BI 化により会社全体や事業セグメント、部署別の売上や貢献利益、変動販管費などを、1 つのツール上で瞬時に比較をしたり、気になる箇所のデータを掘り下げ比較したりすることができます。

　昔からデータ分析をやっている人の中には、「BI ツールは、単なる集計ツールじゃないか！」という人もいます。データに馴染みのない人が、「便利だ！」と言って使うことは、ものすごいことです。今まで、データに馴染みのない人が、データを扱うツールを使うことは、ありえなかったからです。BI ツールが、昔からデータ分析をする人に向けたものではなく、データを活用する現場サイドの立場に立って作られているからでしょう。このように IT システムは、活用する側に立って作られるべきでしょう。

　私はその BI の画面（ダッシュボード）を見て、次のように質問することがあります。

「BI ツール導入前から、すでにデータ活用は上手くいっていたのですか？」

　その回答の多くは……

● データが社内に散在し上手くいっていなかった
● バケツリレー方式（現場担当者→課長→部長→事業部長→……）で Excel シートを入力していて手間だった

……といったもので、要領を得ません。

　少なくとも「BI ツール導入前にすでにデータ活用が上手くいっていた」という明確な回答を得られることは、ほぼあまりありません。

　多くの場合、「BI ツールを導入することで、データを上手く活用しよう」というスタンスのようです。BI ツールがきっかけになり、データ活用が上手くいくなら、こんな素敵なことはありません。ちなみに、ここで言う「データ活用が上手くいっている」とは、「データ活用がビジネスインパクト（売上アップ・コストダウン・利益率向上など）を出している」ということを意味しています。

私は、「ここまでするのに、大変な苦労があっただろうな」と非常に感心する一方で、次のようなことを、小心者の私は心の中でぼそぼそつぶやくことも多いです。

　「このケース、BI ツールを導入しても、上手くいかないだろうな……」

　もちろん根拠なくそう思うわけではありません。上手くいかないと思う理由があります。

　極端な例え話をします。

　例えば、新しく買ったランニングシューズを履いただけで人類史上最速のスプリンターと称されたウサイン・ボルトなみに足そのものが速くなることはあまりないでしょう

### 道具を変えただけでウサイン・ボルトにはなれない

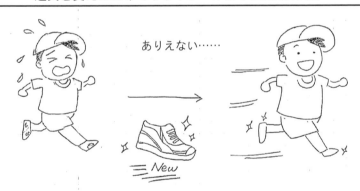

新しく買ったランニングシューズを履いただけで
人類史上最速のスプリンターと称されたウサイン・ボルトなみに
足そのものが速くなることはあまりないでしょう

　例えば、新しい鉛筆に変えただけで、IQ が 200 は超えていると言われている史上最高の知性を持った人物と称されたレオナルド・ダ・ヴィンチなみの頭脳を手にし、急に学校の成績があがることはあまりないでしょう。

## 道具を変えただけでレオナルド・ダ・ヴィンチにはなれない

ありえない……

新しい鉛筆に変えただけで、IQ が 200 は超えていると言われている
史上最高の知性を持った人物と称されたレオナルド・ダ・ヴィンチなみの
頭脳を手にし急に学校の成績があがることは、あまりないでしょう

　例えば、デスクトップ PC からノート PC に変えても、従来の仕事のやり方を一切変えることなく営業上手になり受注件数が劇的に向上することは、あまりないでしょう。

## PC を変えただけで受注件数が劇的に増えることもない

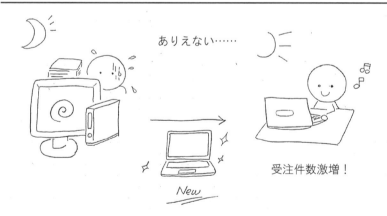

ありえない……

受注件数激増！

ディスクトップ PC からノート PC に変えても
従来の仕事のやり方を一切変えることなく
営業上手になり受注件数が劇的に向上することはあまりありません

つまり、「道具を変えただけで何かが急に変わることはないだろう」ということです。例えば、Excel から BI ツールに変えても、急にデータ活用でビジネス成果（売上アップやコストダウン、利益率向上など）がでることは、あまりないことでしょう。

　多くの企業は 1,2 年後に気づきます。Excel 管理から BI 管理に移行したのに、ビジネスインパクトがなく上手くいっていないことにです。

　なぜならば、BI ツールによるデータ活用が上手くいっていれば、売上や貢献利益、変動費など何かしら財務的な数値が良くなっているはずですが、微動だにしないからです。売上アップもコストダウンも利益率向上も達成していないのなら、そのデータ活用は失敗でしょう。

## データ活用のための基盤があるのに財務的なインパクトが小さい

一元化されたことになっているデータ

BI（ビジネスインテリジェンス）ツールで美しく見える化

営業利益が微動だにしない…

変化なし

　BI ツールが悪いと言っているわけではありません。BI ツールの多くは、非常によく作られており素晴らしいです。しかし、活用する側に問題があります。

　例えば、Excel レベルで上手くいっていたことを、BI ツールで加速するのであれば上手くいくと思います。

　要は、上手くいっていないことを IT 化しても上手くいかない、ということです。「上手くいっていないこと」を改善・改革することなく IT 化し

ても残念な結果になるだけです。

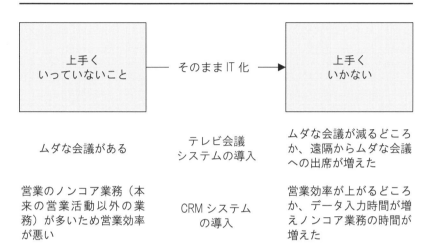

上手くいっていないことを IT 化しても上手くいかない

どうせなら、この「上手くいっていないこと」を、データを上手く活用することで改善・改革するのはどうでしょうか。

例えば、上手くいったデータ活用のやり方を加速させるために、BI ツールなどのデータ活用基盤への IT 投資を増やすのです。

## ■ 不安がよぎる「見える化」するぞ！ という掛け声

よくビジネスでデータを活用するとき、とりあえず「見える化」ということで、何かしらデータを集めることから始めることがあります。

確かに「見える化」することで、問題が見え、解決策も見え、結果的に何かしらのビジネスインパクトをもたらすことがあります。

しかし、現実は「見える化」しただけでビジネス成果（売上アップ・コストダウン・利益率向上など）が実現するほど甘くはありません。

実は、この「見える化」は非常に曲者なのです。

　例えば、子どもの成績はどうでしょうか。

　私の通っていた中学校では、中間テストや期末テスト以外に、毎月のように5教科（英語・数学・国語・理科・社会）の模擬テストなどが課されていました（うる覚えですが……）。さらに、夏休みなどの長期休暇明けも、実力テストという名のテストを課されていました。

　要するに、5教科（英語・数学・国語・理科・社会）の成績が毎月のように「見える化」されていたのです（月によっては2回以上）。

　このような「見える化」で、成績は上昇するでしょうか。上昇する生徒と、そうでない生徒に分かれると思います。その成績を見て、どのようなアクションを取ったのかによることでしょう。

## 成績を「見える化」して成績が上昇するかどうかは人次第

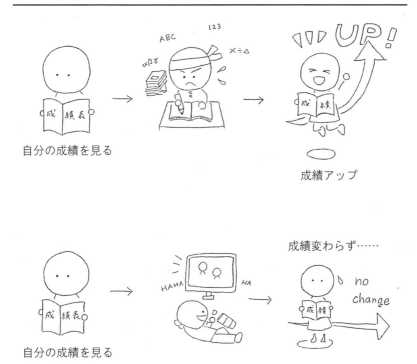

自分の成績を見る

成績アップ

成績変わらず……

自分の成績を見る

では、ダイエットの場合はどうでしょうか。

体重を計測することで、体重は「見える化」することができます。毎日計測すれば毎日「見える化」され、朝・昼・晩に計測すれば 1 日 3 回も「見える化」されます。

このような「見える化」で、体重は減少するでしょうか。減少する人もいれば、そうでない人もいることでしょう。その体重を見て、どのようなアクションを取ったのかによることでしょう。

自分の体重を見る　　　　　　　　ダイエット成功

自分の体重を見る　　　　　　　　体重変わらず……

　では、営業活動の場合はどうでしょうか。

　昔から受注件数などの営業成績を、「見える化」することはなされていました。最近では、CRM などのシステムの導入により、受注などの営業成績だけでなく、受注に至るまでの過程（引合・訪問・提案・見積り・内示・受注）を「見える化」できるようになっています。

　この「見える化」で、営業成績は上がるでしょうか。営業成績が上がる人と、そうでない人に分かれることでしょう。その営業成績を見て、どのようなアクションを取ったのかによることでしょう。

CRMで営業を「見える化」しても営業成績が伸びるかどうかは人次第

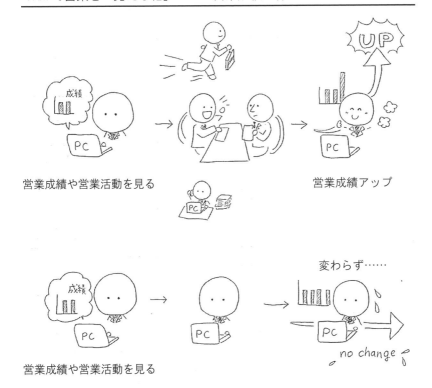

営業成績や営業活動を見る　　　　　　　　　　営業成績アップ

変わらず……

no change

営業成績や営業活動を見る

## ■　見えたけど、動けない

　「見える化」の名のもとで収集したデータの多くは、どのようなもので
しょうか。

　先ほどの例ですと、テストの点数であったり、体重であったり、営業成
績や受注に至るまでの過程（引合・訪問・提案・見積り・内示・受注）で
あったりします。

　すべてに共通することがあります。それは、何かしらのアクションの
「結果」である、ということです。

先ほどの例ですと、テストの点数は勉強の「結果」です。体重はダイエットの「結果」です。営業成績や受注に至るまでの過程（引合・訪問・提案・見積り・内示・受注）は、営業活動の「結果」です。

「見える化」の号令のもと集めたデータの多くが結果に関するデータ

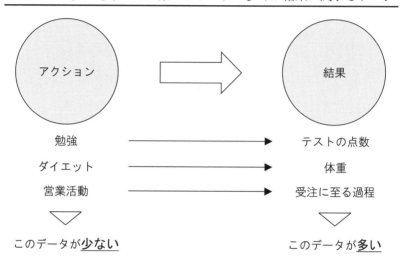

つまり、「見える化」の号令のもと集めたデータの多くが、アクションの結果に関するデータのケースが多いのです。もちろん、アクションの結果に関するデータは、データとして非常に重要です。成果を計測したものだからです。

しかし、アクションの結果に関するデータだけでは、非常に困ります。なぜならば、「アクションそのもののデータ」（アクション履歴）がないため、具体的に何のアクションの結果なのか分からないからです。

## ■　結局のところ、何をすればいいのかが「見える化」されていない

「アクションそのもののデータ」（アクション履歴）があると、例えば「毎日、新聞のコラムを読み感想文を書くようになったから国語の点数があがった」とか、「20時以降食事をとらないようにしたから体重が5キロ

減った」とか、「既存顧客向けに 3 ヶ月に 1 回の頻度で勉強会（直接商品とは関係ない勉強会）を客先で実施するようにしたら大型受注に結び付いた」などが、「アクションそのもののデータ」（アクション履歴）があると見えてきます。

　要するに、「○○というアクションをしたら○○という結果になった」ということは、「アクションそのもののデータ」（アクション履歴）がないと見えません。

## 「アクション」に関するデータがないと非常に困る

「アクション」に関するデータがないと……
なぜ点数があがったのか？　なぜ体重が減ったのか？
なぜ大型受注が増えたのか？　　　　　　　　……かが見えにくい

アクション　→　結果

毎日新聞のコラムを読み感想文を書いた　→　国語の点数が上がった

20 時以降食事をとらないようにした　→　体重が 5 キロ減った

既存顧客向けに勉強会を開催した　→　大型受注が増えた

アクションに関するデータもバランスよく集めないと
**「○○というアクションをしたら○○という結果になった」**
ということが「見える化」されない

では、「○○というアクションをしたら○○という結果になった」ということが見えれば、それで十分でしょうか。

先ほどあげた、「毎日、新聞のコラムを読み感想文を書くようになったから国語の点数があがった」はどうでしょうか。

どのような子どもでも、「毎日、新聞のコラムを読み感想文を書く」（アクション）と「国語の点数があがる」（結果）でしょうか。

「国語の成績を上げたいと思っている子ども」と「国語の成績に関心のない子ども」では、同じアクションを実施してもその結果は異なることでしょう。

さらに、同じように「国語の成績を上げたい」と思っている「A君」と「Bさん」でも、同じアクションを実施してもその結果は異なることでしょう。

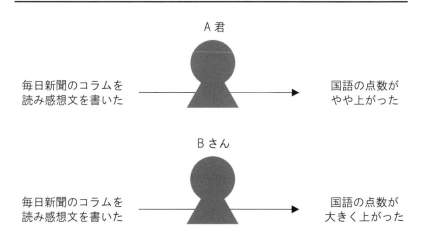

同じアクションを実施してもその結果は人により異なる

A君

毎日新聞のコラムを
読み感想文を書いた
→
国語の点数が
やや上がった

Bさん

毎日新聞のコラムを
読み感想文を書いた
→
国語の点数が
大きく上がった

先ほどあげた、「既存顧客向けに3ヶ月に1回の頻度で勉強会（直接商品とは関係ない勉強会）を客先で実施するようにしたら大型受注に結び付

いた」はどうでしょうか。

　どのような営業パーソンと既存顧客の組み合わせでも、「既存顧客向け
に3ヶ月に1回の頻度で勉強会（直接商品とは関係ない勉強会）を客先
で実施する」（アクション）と「大型受注に結び付く」（結果）でしょうか。

　「営業パーソンAさんと既存顧客Z社の組み合わせ」と「営業パーソ
ンAさんと既存顧客Y社の組み合わせ」では、同じアクションを実施し
てもその結果は異なることでしょう。

### 同じ人が同じアクションを実施してもその結果は状況により異なる

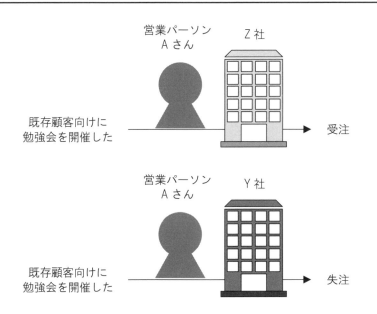

　「○○というアクションをしたら○○という結果になった」という関係
性は、人や状況などの条件によって異なりそうです。

　そのため、人や状況などの条件も「見える化」する必要がありそうです。
なぜならば、その条件次第で効果のあるアクションとそうでないアクショ
ンがあるからです。

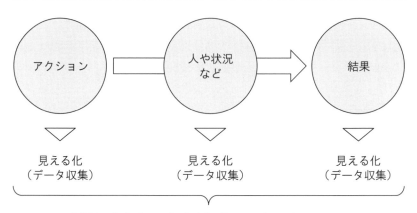

人や状況などの条件も「見える化」する必要がある

「どういうときに、何をすればいいのか」が見えてくる

　人や状況などの条件も「見える化」することで、「どういうときに、何をすればいいのか」が見えてくることでしょう。

## 2-2. データからもたらされる2つの情報

### ■　データ活用が上手くいっていないと感じたら……

　しかし、「結果」や「アクション」、「人や状況」などのデータを集め、ビジネス活用しようとチャレンジしたとき、次のような状況に陥るときがあります。

- 「見える化」したのに、収益が上向いた感があまりない！
- 分析しても分析しているだけで、成果が生まれるイメージが湧かない！！
- 高精度のモデルを構築したのに、なぜか現場で活用されない！！！
- そもそも、溜めたデータをどう活用すればいいのか分からない！！！！！

　共通するのは、データ活用が上手くいっていないということです。

　では、データ活用が上手くいっていないと感じたら、どうすればいいのでしょうか。

　突破の方法は色々あります。その1つが、インフォメーションとインテリジェンスの違いを意識する、ということです。

どちらも情報と訳されるインフォメーションとインテリジェンス

## ■　インフォメーションとインテリジェンス

　あなたは、「データ」と聞いたとき、どのようなデータを思い浮かべるでしょうか。

　普段接しているデータによって変わることでしょう。

　例えば……

● センサーから生み出されるデータ（ローデータとも言われる）
● アンケートの回答データ（ローデータとも言われる）
● ローデータを加工しデータベースに格納したデータ

- そのデータを集計した結果（集計データとも言われる）
- 様々な分析技術を駆使し導き出した分析結果や予測結果
- その分析結果や予測結果などをもとにしたレコメンドや提言（多くの場合、テキストデータ）

……など。

データと聞いたとき、データの発生源から生み出されたローデータをイメージする人もいれば、ローデータを綺麗に加工しデータベースに格納したデータをイメージする人もいます。さらに、集計結果や分析結果、予測結果などもデータです。それらをもとにしたレコメンドや提言も、テキスト（文章）で表現されたものもデータです。記録された情報はすべてデータです。数字である必要もありませんし、文字でも画像でも音声でも構いません。すべてデータです。

このようなデータには、アクションに直接結び付けられるかどうかで、次の2つの状態があります。

- インフォメーション
- インテリジェンス

どちらも日本語では「情報」と翻訳されます。しかし、データ活用上は大きく意味が異なります。非常にざっくり言うと、次のようになります。

- インフォメーションは、見ただけではアクションを起こすことが「できない」データ
- インテリジェンスは、見ただけでアクションを起こすことが「できる」データ

## インフォメーションとインテリジェンスの違い

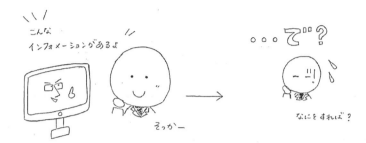

見ただけではアクションを起こすことが「できない」のがインフォメーション

見ただけでアクションを起こすことが「できる」のがインテリジェンス

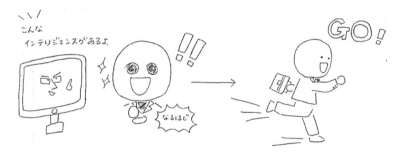

　この違いは、データをビジネスで活用する上で、強く意識しておいた方が良いでしょう。

## ■ データをインテリジェンス化する

　集めたデータやその集計結果などは、通常は「インフォメーション」に過ぎません。見ただけではアクションを起こすことが、通常はできないからです。

　もちろん、センスのいい方は、集めたデータを見ただけで何をすべきか悟ることができるかもしれませんが、通常はできません。

65

そのため、データをインテリジェンス化する必要があります。それがデータ分析技術です。

　つまり、データ分析は「集めたデータ（インフォメーション）」を加工・分析・統合・表現・伝達し「アクションに結びつくデータ（インテリジェンス）」を生み出す技術なのです。

　少なくとも、集めた「インフォメーション」から新たな「インフォメーション」を作る技術ではありません。

　このことは非常に重要です。

インフォメーションをインテリジェンス化する

　集めたデータを「インテリジェンス」になるまでデータ分析をしなければ、アクションは起こりません。当然ながら、アクションが起こらなければ、何も変わらないので、その先のビジネス成果（売上アップやコストダウン、利益率向上など）もありません。

　つまり、データ活用でビジネス成果（売上アップやコストダウン、利益率向上など）をもたらすには、インフォメーションをインテリジェンス化する必要があるのです。そのため、データ分析担当者は、「インテリジェンス」を生み出すまでとことんやり抜くという執念が求められます。

　しかし、厄介なことに人によってインテリジェンスは異なります。同じ人でも、状況によって異なってきます。

## ■ 人や状況によって、インテリジェンスは異なる

**天気予報はインテリジェンスなのか？**

今、3人の兄弟がいたとします。

3人は、毎朝傘を持って外出するかどうかを、家を出る前に決めています。3人はそれぞれ行動パターンが異なります。

- 長兄 … 新聞の降水確率と、外の空模様を目で確認し決めている
- 次兄 … 新聞の降水確率が1%でもあると、傘を持っていく
- 末っ子… いつもなんとなく決めている

### 行動パターンの異なる3兄弟

何ごとも余念がなく、毎朝傘を持っていくかどうかも、新聞の降水確率だけでなく、外の空模様を目で確認し決めている

長兄

雨に濡れることが大っ嫌いで、新聞の降水確率が1%でもあると、必ず傘を持っていく

次兄

適当な性格で、毎朝傘を持っていくかどうかは、その日の気分でなんとなく決めている

末っ子

ある日、新聞で降水確率を確認したら50%でした。

次兄は傘を持って外出することに決めました。なぜならば、「新聞の降水確率が1%でもあると、傘を持っていく」ような性格の人だからです。

長兄と末っ子はどうでしょうか。2人は、新聞の降水確率だけでは、持

っていくべきかの判断が付きませんでした。

そこで長兄は外の空を見て判断することにしました。

その結果、長兄は傘を持って外出しないことに決めました。なぜならば、「新聞の降水確率と、外の空模様を目で確認し決めている」からです。

末っ子はどうでしょうか。新聞を見ても、空を見ても、これだけでは判断が付かなかったようです。

### 長兄・次兄・末っ子によってインテリジェンスは異なる

この例は、同じ情報を与えても、人によってインフォメーションなのか、インテリジェンスなのかが異なることを示しています。

### 模擬テストの結果はインテリジェンスなのか？

今、国語のテストの点数を伸ばしたいと考えている、3人の中学生（A君・B君・C君）がいたとします。

中学生のA君は「模擬テストの結果」を見ただけで何をすべきかを悟り、「毎日、新聞のコラムを読み感想文を書いて国語能力を高めること」を思いつき、実際に実行しました。その結果、国語のテストの点数が伸びました。

　同じクラスの B 君は「毎日、新聞のコラムを読み感想文を書くように
なったから国語の点数があがる」という情報を耳にし、「自分もこのやり
方で国語の点数が伸びそうだ」と思い、実際に実行しました。その結果、
国語のテストの点数が伸びました。

　隣のクラスの C 君は「模擬テストの結果」を見たり「毎日、新聞のコ
ラムを読み感想文を書くようになったから国語の点数があがる」という情
報を聞いたりしただけでは何もせず、国語のテストの点数が伸びませんで
した。

　A君と B君、C君にとってインテリジェンスは異なります。

## A君・B君・C君によってインテリジェンスは異なる

## CRM システムに出力される情報はインテリジェンスなのか？

　今、営業成績を伸ばしたいと考えている、3 人の営業パーソン（A さ
ん・B さん・C さん）がいたとします。

　CRM システムにまめに入力する営業パーソン A さんは「CRM システ
ムに出力される情報」（営業成績や受注に至るまでの過程など）を見ただ
けで何をすべきかを悟り、「既存顧客向けに 3 ヶ月に 1 回の頻度で勉強会

（直接商品とは関係ない勉強会）を客先で実施するようにしたら大型受注に繋がりそうだということ」を思いつき、実際に実行しました。その結果、大型受注が増えました。

　同じ部署の先輩のBさんは「既存顧客向けに3ヶ月に1回の頻度で勉強会（直接商品とは関係ない勉強会）を客先で実施するようにしたら大型受注に結び付いた」という情報を耳にし、「自分もこのやり方で大型受注が増えそうだ」と思い、実際に実行しました。その結果、大型受注が増えました。

　同じ部署の同期入社のCさんは「CRMシステムに出力される情報」（営業成績や受注に至るまでの過程など）を見たり「既存顧客向けに3ヶ月に1回の頻度で勉強会（直接商品とは関係ない勉強会）を客先で実施するようにしたら大型受注に結び付いた」という情報を聞いたりしただけでは特別何かをするというわけでもなく、大型受注が増えることはありませんでした。

　AさんとBさん、Cさんにとってインテリジェンスは異なります。

## Aさん・Bさん・Cさんによってインテリジェンスは異なる

| インテリジェンス | | アクション |
|---|---|---|
| CRMシステムに出力される情報（営業成績や受注に至るまでの過程など） | A君 | 既存顧客向けに3ヶ月に1回の頻度で勉強会（直接商品とは関係ない勉強会）を客先で実施する |
| 既存顧客向けに3ヶ月に1回の頻度で勉強会（直接商品とは関係ない勉強会）を客先で実施するようにしたら大型受注に結び付いたという情報 | B君 | 既存顧客向けに3ヶ月に1回の頻度で勉強会（直接商品とは関係ない勉強会）を客先で実施する |

## ■　どのようなインテリジェンスが必要かを考えなければならない

インテリジェンスは人よって異なりますし、同じ人でも状況によって異なります。

ある人にとってインテリジェンス（アクションに結びつくデータ）であっても、他の人にとってはインフォメーション（アクションに結び付けられないデータ）に過ぎない場合が多々あります。

そのため、どのような分析結果などがインテリジェンスなのかを定義しないと、どのようなデータ分析をすればいいのかが、実は分かりません。

どのような分析結果がインテリジェンスなのかを定義するためには、活用する現場にとってのインテリジェンスとは何かを知る必要があります。

つまり、データ分析担当者だけで、データを集計したり分析したり、予測モデルや異常検知モデルを構築しても、それはインテリジェンスでない可能性があるということです。

要するに、分析結果をアクションに結び付けられるかどうかは、アクションを実施する人や状況などに依存するのです。

データ分析担当者は、状況や組織などの違いなどに応じて、アクションをする人にとってどのようなインテリジェンスが必要かを考えなければならないのです。

## 2-3. モニタリングとレコメンド

### ■ SR 理論と XY

　行動心理学の世界では、SR 理論（Stimulus-Response Theory）という考え方があります。行動を、「刺激」（S：Stimulus）に対する「反応」（R：Response）としてとらえたものです。

　「アクション」と「結果」で考えると、「刺激」が「アクション」で、「反応」が「結果」に対応します。

● 刺激（S：Stimulus）：アクションに該当
● 反応（R：Response）：結果に該当

　データ分析に馴染みのある方であれば、統計解析などのモデルで使われる「X（説明変数）」と「Y（目的変数）」の概念で、捉えた方が分かりやすいかもしれません。

● 刺激（S：Stimulus）：X（説明変数）
● 反応（R：Response）：Y（目的変数）

SR 理論（Stimulus-Response Theory）

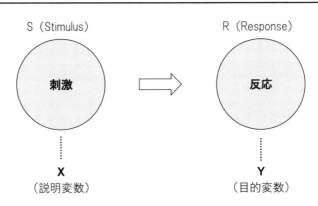

　有名なところではパブロフ犬で有名な条件反射の実験でしょう。実験の結果、犬にベルの音（X）という刺激を聞かせると、唾液（Y）を分泌するという反応が得られるようになりました。

　このように、SR（Stimulus-Response）の関係は、先天的なものだけでなく後天的に作ることができます。

　データ分析・活用にとって非常に重要な概念ですので、少し丁寧に説明していきます。

## ■　簡単な例で、データ分析・活用時の SR を理解しよう

### 中学生の A 君の場合

　先ほどの中学生の A 君を SR（Stimulus-Response）の視点でもう少し掘り下げていきます。

　中学生の A 君は「模擬テストの結果」を見ただけで何をすべきかを悟り、「毎日、新聞のコラムを読み感想文を書いて国語能力を高めること」を思いつき、実際に実行しました。その結果、国語のテストの点数が伸びました。

　では、A 君にとって、何が刺激（S：Stimulus）で、何が反応（R：Response）だったのでしょうか。

## A君の国語のテストの点数を伸ばすまでの刺激例

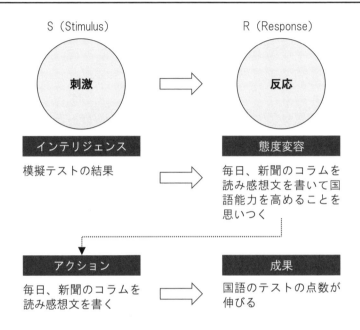

A 君にとっては、「模擬テストの結果を見る」が刺激（S：Stimulus）になり、「毎日、新聞のコラムを読み感想文を書いて国語能力を高めることを思いつく」という反応（R：Response）が起こり、「毎日、新聞のコラムを読み感想文を書く」が刺激（S：Stimulus）になり、「国語のテストの点数が伸びる」という反応（R：Response）が起こったということです。

### 中学生の B 君の場合

先ほどの中学生の B 君を SR（Stimulus-Response）の視点でもう少し掘り下げていきます。

A 君と同じクラスの B 君は「毎日、新聞のコラムを読み感想文を書くようになったから国語の点数があがる」という情報を耳にし、「自分もこのやり方で国語の点数が伸びそうだ」と思い、実際に実行しました。その結果、国語のテストの点数が伸びました。

では、B 君にとって、何が刺激（S：Stimulus）で、何が反応（R：Response）だったのでしょうか。

B 君の国語のテストの点数を伸ばすまでの刺激例

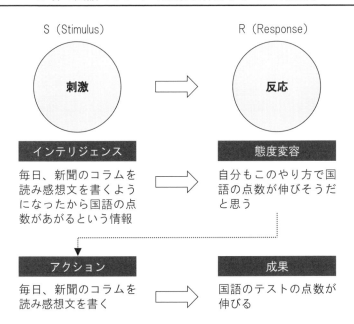

B 君にとっては、「毎日、新聞のコラムを読み感想文を書くようになったから国語の点数があがる」という情報が刺激（S：Stimulus）になり、「自分もこのやり方で国語の点数が伸びそうだと思う」という反応（R：Response）が起こり、「毎日、新聞のコラムを読み感想文を書く」が刺激（S：Stimulus）になり、「国語のテストの点数が伸びる」という反応（R：Response）が起こったということです。

### 営業パーソンＡの場合

先ほどの営業パーソンの A さんを SR（Stimulus-Response）の視点でもう少し掘り下げていきます。

CRM システムにまめに入力する営業パーソン A さんは「CRM システムに出力される情報」（営業成績や受注に至るまでの過程など）を見ただけで何をすべきかを悟り、「既存顧客向けに 3 ヶ月に 1 回の頻度で勉強会（直接商品とは関係ない勉強会）を客先で実施するようにしたら大型受注に繋がりそうだということ」を思いつき、実際に実行しました。その結果、大型受注が増えました。

では、A さんにとって、何が刺激（S：Stimulus）で、何が反応（R：Response）だったのでしょうか。

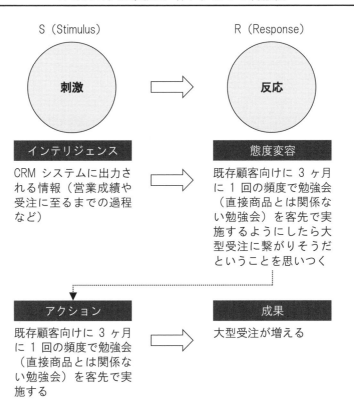

A さんの大型受注が増やすまでの刺激例

　Aさんにとっては、「CRMシステムに出力される情報を見る」が刺激（S：Stimulus）になり、「既存顧客向けに3ヶ月に1回の頻度で勉強会（直接商品とは関係ない勉強会）を客先で実施するようにしたら大型受注に繋がりそうだということを思いつく」という反応（R：Response）が起こり、「既存顧客向けに3ヶ月に1回の頻度で勉強会（直接商品とは関係ない勉強会）を客先で実施する」が刺激（S：Stimulus）になり、「大型受注が増える」という反応（R：Response）が起こったということです。

　ちなみに、「CRMシステムに出力される情報を見る」という刺激（S：Stimulus）はAさんに対するもので、「既存顧客向けに3ヶ月に1回の頻度で勉強会（直接商品とは関係ない勉強会）を客先で実施する」という刺激（S：Stimulus）はAさんのお客さまに対するものです。

### 営業パーソンBさんの場合

　先ほどの営業パーソンのBさんをSR（Stimulus-Response）の視点でもう少し掘り下げていきます。

　Bさんは「既存顧客向けに3ヶ月に1回の頻度で勉強会（直接商品とは関係ない勉強会）を客先で実施するようにしたら大型受注に結び付いた」という情報を耳にし、「自分もこのやり方で大型受注が増えそうだ」と思い、実際に実行しました。その結果、大型受注が増えました。

　では、Bさんにとって、何が刺激（S：Stimulus）で、何が反応（R：Response）だったのでしょうか。

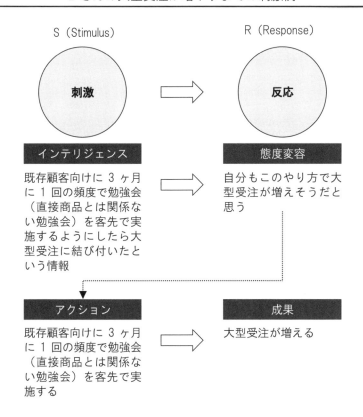

Bさんの大型受注が増やすまでの刺激例

S（Stimulus）　　　　　　　　R（Response）

刺激　　　　　　　　　　反応

インテリジェンス

既存顧客向けに 3 ヶ月に 1 回の頻度で勉強会（直接商品とは関係ない勉強会）を客先で実施するようにしたら大型受注に結び付いたという情報

態度変容

自分もこのやり方で大型受注が増えそうだと思う

アクション

既存顧客向けに 3 ヶ月に 1 回の頻度で勉強会（直接商品とは関係ない勉強会）を客先で実施する

成果

大型受注が増える

　Bさんにとっては、「既存顧客向けに 3 ヶ月に 1 回の頻度で勉強会（直接商品とは関係ない勉強会）を客先で実施するようにしたら大型受注に結び付いたという情報を聞く」が刺激（S：Stimulus）になり、「自分もこのやり方で大型受注が増えそうだと思う」という反応（R：Response）が起こり、「既存顧客向けに 3 ヶ月に 1 回の頻度で勉強会（直接商品とは関係ない勉強会）を客先で実施する」が刺激（S：Stimulus）になり、「大型受注が増える」という反応（R：Response）が起こったということです。

　ちなみに、「既存顧客向けに 3 ヶ月に 1 回の頻度で勉強会（直接商品とは関係ない勉強会）を客先で実施するようにしたら大型受注に結び付いたという情報を聞く」という刺激（S：Stimulus）は B さんに対するもので、「既存顧客向けに 3 ヶ月に 1 回の頻度で勉強会（直接商品とは関係ない勉強会）を客先で実施する」という刺激（S：Stimulus）は B さんのお客さまに対するものです。

## ■　インテリジェンスに関するデータも必要

　先ほど、「アクションそのもののデータ」（アクション履歴）も必要だ、というお話しをしました。今説明した例から分かるように、インテリジェンスを提供するという行為は、「現場のアクションを引き出す」ための「アクション」です。

　要するに、「インテリジェンスを提供すること」自体がアクションのため、どのようなインテリジェンスを、どのような手段で提供したのか、というデータを蓄積する必要があります。

　そのことで、「○○○というインテリジェンスで、○○○というアクションが起こり、○○○という結果になった」ということが「見える化」されます。

　ここまで「見える化」されると、非常に嬉しいのではないでしょうか。

## ■　SOR 理論への拡張

SR 理論の概念はデータ活用を考える上で幅広く使え……

● 広告（X）を打てば売上（Y）が上がる
● 機器の稼働時間（X）が長くなると歩留まり（Y）が悪化する

……など、先ほどあげた例以外でも色々と応用できそうです。

しかし、ここである問題が起こります。もしかしたら、この問題に気が付いた方もいるかもしれません。

それは、「同じ刺激（S：Stimulus）に対し、常に同じ反応（R：Response）が起こるわけではない」という問題です。

例えば、広告打ったからといって、すべての人がその商品を購買するわけではありません。

稼働時間と歩留まりが悪化するタイミングの関係は、すべての工場で同じであるわけではありません。

先ほどの例ですと、「毎日、新聞のコラムを読み感想文を書く」が刺激（S：Stimulus）で、すべての中学生が「国語のテストの点数が伸びる」という反応（R：Response）が起こるわけでもありません。

「既存顧客向けに 3 ヶ月に 1 回の頻度で勉強会（直接商品とは関係ない勉強会）を客先で実施する」が刺激（S：Stimulus）で、すべてのお客さまから「大型受注」の契約をしてもらえるわけではありません。

そこで登場したのが、SOR 理論（Stimulus-Organism-Response Theory）です。SR 理論に「有機体（O：Organism）」という概念を付け加えたもので、心理学者のC.L.ハルが提唱しました。

● 刺激（S：Stimulus）
● 有機体（O：Organism）
● 反応（R：Response）

「有機体（O：Organism）」とは人間であったり動物であったりします。刺激（S：Stimulus）に対する反応（R：Response）だけでは説明できない現象を、「有機体（O：Organism）」という概念を導入することで説明できるようにした、という感じです。

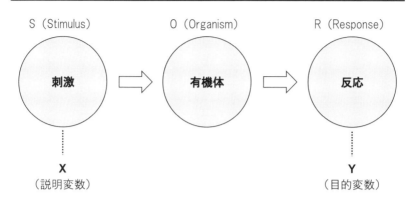

SOR 理論 (Stimulus-Organism-Response Theory)

「有機体（O：Organism）」をもう少し説明すると、行動心理学的には生物個体特有の内的要因（知覚、遺伝、性格、欲求など）で、個体によって異なってきます。A さんと B さんでは、性格や欲求が異なる、というものです。

このことが、同じ刺激（S：Stimulus）を与えても、有機体（O：Organism）が異なれば、異なる反応（R：Response）が返ってくる、という現象を説明できるようにしています。

例えば、人によって好き嫌いは異なりますし、慣れ親しんだものも異なります。そのような個人差があるため、同じ広告を見たからと言っても、その商品を買いたくなるかどうかは、人によって異なってきます。

ビジネス系のデータ分析の世界であれば、生物個体だけでなく、AI であったり装置であったり工場のラインなども付け加わることでしょう。

統計解析などのモデルで語れば、同じ X（説明変数）を与えても、個体によって、Y（目的変数）の値が変わる、ということです。

## ■ XYZフレームワーク

### XYZの3種類のデータを蓄積し活用しよう！

　先ほどお話ししたように、データ活用を考えたとき、売上や受注、訪問、来店などの「反応」（R：Response）に関するデータだけを集め「見える化」しがちです。しかし、それだけでは不十分で、「刺激」（S：Stimulus）に関するデータ（インテリジェンスやアクションなど）が必要です。さらに、「有機体」（O：Organism）に関するデータなどがあると、データ分析が非常にリッチになります。

　例えば、新規受注に関するデータしか手元にない場合、どうなるでしょうか。

　受注した件数や金額などを集計した結果ぐらいしか見えてきません。それを、昨年に比べてどうかとか、予算（計画値）に比べてどうかとか、そういった感じのデータ分析になることでしょう。

　それはそれで重要な結果です。自分たちのアクションの結果を表す成績表のようなものですから。

　しかし、そこから具体的に何をすべきかを見ることは、至難の業です。「昨年に比べると低そうだ……　やばいよ！　やばいよ！！　予算にも到達していない……　やばいよ！　やばいよ！！」「とりあえず、ガンバレ！　うーんとガンバレ！！　もっともっとガンバレ！！！」ぐらいしか言えないかもしれません。そこまで酷くはないかもしれませんが、どう頑張るのかは、人任せになるかもしれません。

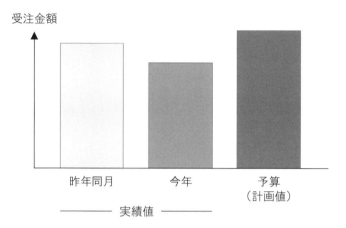

受注金額の予実

例えば、新規受注に関するデータ以外に、見込み顧客の属性データ（有機体（O : Organism）に関するデータ）があるとどうでしょうか。

過去の受注データと顧客属性データから、受注しやすい見込み顧客が見えてくるかもしれません。見込み顧客のターゲット選定に使えそうです。

過去の受注データと顧客属性データから、
受注し易い見込み顧客が見えてくる

受注率

| | | 企業規模 | |
|---|---|---|---|
| | | 大企業 | 中堅企業 |
| 業種 | 建設業 | 12% | 9% |
| | 製造業 | 35% | 43% |
| | 小売業 | 21% | 11% |

フィッシュボーンチャート

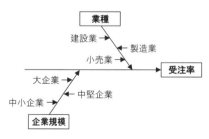

さらに、営業施策（アクション）に関するデータ（刺激（S：Stimulus）に関するデータ）があるとどうでしょうか。

顧客属性に応じた営業施策が見えてくるかもしれません。選定したターゲットに対し、何をすべきなのかを検討するときに使えそうです。

**過去の受注データと営業施策（アクション）に関するデータから、受注し易い見込み顧客が見えてくる**

| 建設業 | 製造業 | 小売業 | ・・・ |

| 受注率 | フィッシュボーンチャート |

| | | 自社開催イベント | |
|---|---|---|---|
| | | 参加 | 未参加 |
| 訪問回数（年回） | 12回以上 | 73% | 11% |
| | 6回～11回 | 51% | 9% |
| | 1～5回 | 30% | 4% |
| | 0回 | 0% | 0% |

要するに、データ活用でビジネス成果を出したいのなら、次の3種類のデータを蓄積すべき、ということです。

● 刺激（S：Stimulus）のデータ：X（説明変数）
● 有機体（O：Organism）のデータ：Z（媒介変数 or 説明変数）
● 反応（R：Response）のデータ：Y（目的変数）

ここで聞き慣れないワードがでてきます。「媒介変数」です。この媒介変数は、説明変数と一緒くたんに扱うこともありますが、意識的に区別しておいた方がいいでしょう。

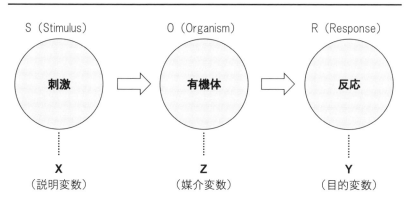

XYZ フレームワーク

媒介変数 Z の値によって、説明変数 X に対する目的変数 Y の関係性が変わる

　媒介変数は色々な説明の仕方や使われ方をします。ここでは「Y と X の関係は Z によって変化する」ということを表現するために使います。

　例えば、チラシの配布枚数（X）と店舗の日販（Y）の関係性が、店舗属性（Z）によって異なる、といった感じです。

- X（説明変数）：チラシの配布枚数
- Z（媒介変数）：店舗属性
- Y（目的変数）：店舗の日販（1 日の売上高）

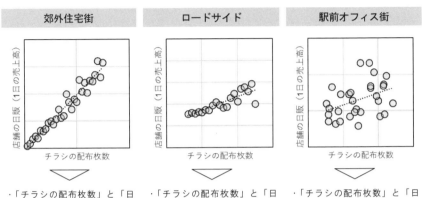

チラシの配布枚数（X）と店舗の日販（Y）の関係性が、
店舗属性（Z）によって異なる

| 郊外住宅街 | ロードサイド | 駅前オフィス街 |
|---|---|---|

・「チラシの配布枚数」と「日販」の間に関係性が見られる
・「日販」は「チラシの配布枚数」から大きな影響を受ける

・「チラシの配布枚数」と「日販」の間に関係性が見られる
・「日販」は「チラシの配布枚数」からやや影響を受ける

・「チラシの配布枚数」と「日販」の間にあまり関係性が見られない

　要は、媒介変数 Z の値によって、説明変数 X に対する目的変数 Y の関係性が変わるということです。

　有機体（O：Organism）のデータ Z は説明変数と一緒くたんに扱うこともあります。先ほど「媒介変数 or 説明変数」という表現をしていました。少し補足すると、「店舗属性（Z）を説明変数として扱い処理することもある」ということです。

## データ Z は説明変数と一緒くたに扱うこともある

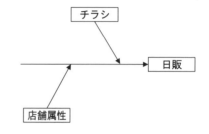

| 店舗属性（Z）を媒介変数として扱う |
| --- |

郊外住宅街　ロードサイド　・・・

チラシ → 日販

| 店舗属性（Z）を説明変数として扱う |
| --- |

店舗属性（Z）を説明変数として扱い処理
することもある

チラシ → 日販

店舗属性 → 日販

### ある小売チェーンの販売促進の例

ある小売チェーンの販売促進の例です。

● X（説明変数）：販売促進施策（折込チラシ、店頭 POP、タイムセールなど）など

● Z（媒介変数）：ターゲット顧客、店舗形態、立地など

● Y（目的変数）：売上、来店、購入など

## ある小売チェーンの販売促進の例

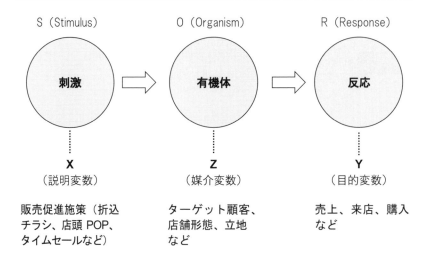

ターゲット顧客によって、効果のある販売促進施策が異なってきます。

例えば、総菜のタイムセールを実施したとき、10 歳未満の女性、10 代の女性と20 代の女性、30 代の女性、40 代の女性、50 代の女性、60 代の女性、……では反応は異なることでしょう。折込チラシの目玉商品が 1 パック 10 円の生卵であったとき、卵アレルギーの人と、卵好きの人では、反応は異なるでしょう。

さらに、ロードサイト店なのか、行楽地のある店舗なのか、オフィスビル内店舗なのか、ショッピングモール内店舗なのかで、売れるものも、売れる日や時間帯も、効く販促施策も異なることでしょう。

駐車場の有り無し、店舗の広さ、エリア特性（若年層が多いエリア、年齢層が高いエリア、駅からの近さ、競合店の数など）などでも、色々と異なってきそうです。

また、夏なのか冬なのか、クリスマスシーズンなのか初売りなのか、気温が高いのか低いのか、晴れているのか大雨なのか、でも大きく異なってきます。

　要するに、ターゲット顧客などの有機体（O：Organism）の状況によって、販売施策などの刺激（S：Stimulus）に対する購入などの反応（R：Response）が大いに変わり、しかも有機体（O：Organism）であるターゲット顧客の状況は常に変化する、ということです。

## ある精密機器メーカーの工場ラインの例

　ある精密機器メーカーの工場ラインの例です。

- X（説明変数）：製造条件、動線など
- Z（媒介変数）：工場ライン、気温、湿度、工具、稼働時間、材料など
- Y（目的変数）：生産量、歩留まり、サイクルタイムなど

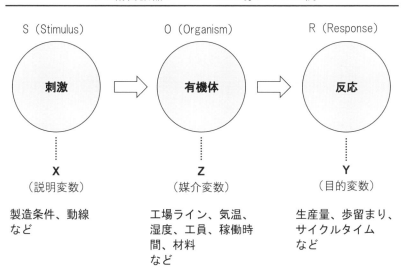

ある精密機器メーカーの工場ラインの例

　生産系のデータも、営業やマーケティング系のデータと同様に、媒介変数 Z の値によって、説明変数 X に対する目的変数 Y の関係性が日々変わります。

　例えば、日本の工場と中国の工場、タイの工場などで、同じ製造条件下

で同じ製品を製造しても、歩留の状況は異なります。同じ製品を製造している全く同じ工場ラインでも、日によって歩留まり（製造した製品の良品率）が異なってきます。

工員の熟練度や気候、機器のメンテナンス状況などが異なるからかもしれません。人的要素が大きいライン（手組がメインのラインなど）ほど、異なってきます。

さらに、同じ工員が同じ材料であっても、その日の連続稼働時間によって、歩留まりは変化します。

バスタブ曲線として知られている現象で、時間の経過で歩留まりが変化します。最初歩留まりは非常に悪く、しばらくすると歩留まりが良くなり一定水準で安定し、ある一定の時間を過ぎると歩留まりが再び悪くなります。歩留まりが再び悪くなり前に、その日の製造を中止することもあります（メンテナンスのためや、その日の生産が終了のため、など）。

バスタブ曲線は、生産現場の至る所で見られます。特に、工作機器の故障率の時間的推移で顕著にみられます。そのため、バスタブ曲線を故障曲線ということもあります。

## ■　XYZと2種類の情報

XYZの3種類のデータを分析することで、例えば以下のような2種類の情報を得ることができます。

- レコメンド情報
- モニタリング情報

## レコメンド情報とモニタリング情報

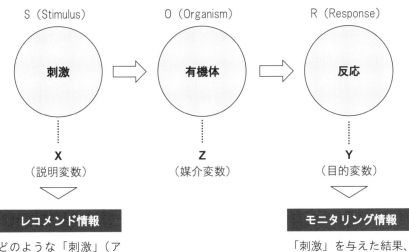

　レコメンド情報とは、どのような「刺激（S：Stimulus）」（アクションなど）をすべきか、という情報です。レコメンド情報は、直接的にアクションに結びつくことが多く、非常に有益な情報で、多くの場合そのままインテリジェンスになります。

　モニタリング情報とは、「刺激（S：Stimulus）」を与えた結果、どうなったのかという「反応（R：Response）」に関する情報です。通常「見える化」といった場合、こちらのモニタリング情報を指すことが多いです。

　問題なのは、「反応（R：Response）」に関するデータだけを集めてしまい、そのデータを集計しモニタリング情報として現場に提供するケースです。

　例えば、「売上が悪化した」とか、「生産の歩留まり（良品の割合）が悪化した」という結果だけ見せられても、具体的に何をするのがいいのかは、

ベテランか相当センスの良い方でないと見えこないことでしょう。

　つまり、多くの人にとって、モニタリング情報だけ渡されても、インテリジェンスになりにくいということです。

　そのため、アクションの結果である「モニタリング情報」を現場に提供するとともに、何をすべきかという「レコメンド情報」も併せて現場に提供したほうがいいでしょう。

　先ほどの例で簡単に考えてみます。

　先ずは、中学生のA君とB君です。

　A君のインテリジェンスであった「模擬テストの結果」は「モニタリング情報」です。今までの結果であり成果です。

　B君のインテリジェンスであった「毎日、新聞のコラムを読み感想文を書くようになったから国語の点数があがるという情報」は「レコメンド情報」です。次にすべきアクションです。

　B君も、モニタリング情報である「模擬テストの結果」を得ていますが、それだけでは不十分で、レコメンド情報が必要だった、ということです。

## レコメンドとモニタリング例 (中学生のＡ君とＢ君)

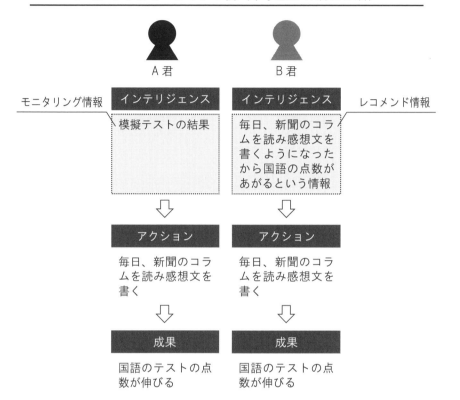

次は、営業パーソンのＡさんとＢさんです。

Ａさんのインテリジェンスであった「CRM システムに出力される情報 (営業成績や受注に至るまでの過程など)」は「モニタリング情報」です。今までの結果であり成果です。

Ｂさんのインテリジェンスであった「既存顧客向けに 3 ヶ月に 1 回の頻度で勉強会 (直接商品とは関係ない勉強会) を客先で実施するようにしたら大型受注に結び付いたという情報」は「レコメンド情報」です。次にすべきアクションです。

B さんも、モニタリング情報である「CRM システムに出力される情報（営業成績や受注に至るまでの過程など）」を得ていますが、それだけでは不十分で、レコメンド情報が必要だった、ということです。

レコメンドとモニタリング例（営業パーソンの A さんと B さん）

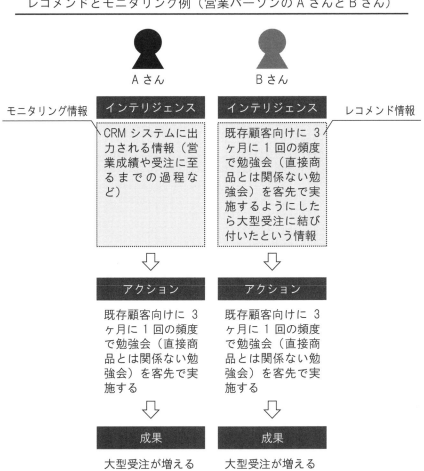

中学生の例では、モニタリング情報である「模擬テストの結果」だけでなく、「毎日、新聞のコラムを読み感想文を書くようになったから国語の

点数があがるという情報」というレコメンド情報があったほうが、アクションが起こりやすくなります。

　営業パーソンの例では、モニタリング情報である「CRM システムに出力される情報（営業成績や受注に至るまでの過程など）」だけでなく、「既存顧客向けに 3 ヶ月に 1 回の頻度で勉強会（直接商品とは関係ない勉強会）を客先で実施するようにしたら大型受注に結び付いたという情報」というレコメンド情報があったほうが、アクションが起こりやすくなります。

　さらに、レコメンド情報を提供するとき、単に「何をすべきか」という情報だけでなく、その結果「どうなりそうか」という将来予測があったほうがいいでしょう。

　そう考えると、現場へ提供する情報（「見える化」すべき情報）は、この 2 種類の情報（レコメンド情報とモニタリング情報）に集約されます。

　この 2 種類の情報（レコメンド情報とモニタリング情報）を「見える化」するためには、この 2 種類の情報（レコメンド情報とモニタリング情報）を生み出す必要があります。それが、データ分析です。

### データ分析で 2 種類の情報を生み出しアクションに繋げる

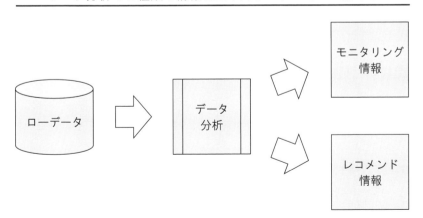

この2種類の情報（レコメンド情報とモニタリング情報）を、何かしらのデータ分析を実施することで生み出し、そして現場に提供しより良いアクションに繋げます。

では、どのようなデータ分析をすればいいのでしょうか。

# 2-4. 「XY×時制」によるデータ分析のタイプ分け

## ■ データ分析のタイプ分け

データ分析のタイプ分けのやり方は色々あります。

例えば、データ分析の用途（例：量を予測する、異常を検知する、など）でタイプ分けしたり、データ分析で使うデータの状況（例：目的変数Yの性質やデータ量など）でタイプ分けしたりします。

どの分け方が正しく、どの分け方が正しくない、というものはありません。ここで紹介するのは、次の2軸でタイプ分けします。

- 軸1：X（説明変数）とY（目的変数）のどちらに視点を置くのか？
- 軸2：どの時制（過去・現在・未来）に視点を置くのか？

X（説明変数）とY（目的変数）のどちらにデータ分析の視点を置くのか、どの時制（過去・現在・未来）に視点を置くのか、この2つの視点軸で考えることで、いくつかにタイプ分けできます。

- 今までのYに着目
  - ➤ モニタリング → 主にYの状況を日々確認
  - ➤ 異常検知 → 確認しているYに異常が今起こっていないか評価
- 未来のYに着目
  - ➤ 将来予測 → 今後Yがどうなりそうかを予測
  - ➤ 予兆検知 → 未来のある時期に異常がどのくらい起こりそうかを予測

- 今までの X に着目
  - ➤ 要因分析　→　X がどの程度 Y に影響を与えそうかを評価
- あるべき X に着目（未来の X）
  - ➤ レコメンド　→　理想的な Y になるためには X はどうなるべきか
    を示唆

「予兆検知」は、異常検知の予測版と考えられるため、厳密には「将来予測」に分類されます。

したがって、大きくは次の 5 つにタイプ分けされます。

- モニタリング
- 異常検知
- 将来予測
- 要因分析
- レコメンド

時制も厳密には「過去〜現在」（上記では「今まで」と表現）と「現在〜未来」の 2 種類になります。整理すると次のようになります。

### 5 つのデータ分析タイプ

| | | 時制 | |
| --- | --- | --- | --- |
| | | 過去から現在 | 現在から未来 |
| XY | Y に着目 | ①モニタリング<br>②異常検知 | ④将来予測<br>（予兆検知） |
| | X に着目 | ③要因分析 | ⑤レコメンド |

ここであえて「予兆検知」をあげたのは、製造業を中心に「予兆検知」の一種である「予知保全」（プレディクティブ・メンテナンス）として最

近注目を浴びているからです。

「予知保全」とは、機器の異常が起こる前に察知しメンテナンスを実施する活動です。無駄なメンテナンス業務が減るため、コストダウンというビジネス成果を得やすいのが特徴です。

しかし、従来の「予防保全」とオペレーションが異なるため、抵抗感を示す現場もあります。

ところで、「予兆検知」の一種である「予知保全」（プレディクティブ・メンテナンス）と、従来の「予防保全」は何がどう違うのでしょうか。

「予防保全」も異常が起こる前にメンテナンスを実施しますが、決められたルールに則ってメンテナンスを実施します。稼働時間が何時間以上であるとか、使用回数が何回以上であるとかです。このルールは、その機器のメーカーが決めることもありますし、現場で決めることもあります。生産の現場に限らず、似たようなことは起こっているかと思います。例えば、見込み顧客から資料請求があったら 30 分以内に電話連絡をするなどです。

「予防保全」の良いところはルール化されているため動きやすいことです。一方で、ルール化されているがために、ルールから逸脱した行動をとりにくいという面があります。

例えば、明らかに機器が異常を起こしそうな雰囲気なのに、ルールだからということでそのまま稼働させる。機器が全く順調に稼働しているのに、ルールだからということでメンテナンスを実施する。

突然異常が起こり、生産そのものがストップしてしまったら、その機器を復旧させるために、その日一日がつぶれ生産活動ができなくなることもあります。メンテナンスする必要がない機器に過剰にメンテナンスすることで、無駄な工数や交換部品コストなどが発生することもあります。

そのようなことを避けるのが「予知保全」です。メンテナンスが必要なタイミングで、数理モデルが「メンテナンスが必要ですよ！」とアラートを出してくれます。そのため、メンテナンスのタイミングはその都度異な

りますが、突然異常が起こることで生産がストップしたり、過剰なメンテナンスによるコストアップが発生したりすることを、避けることができます。

　生産の世界以外でも、この「予兆検知」は使えるため、覚えておいても損はないでしょう。

　例えば、営業パーソンに「担当顧客へ実施すべきアクションとそのタイミング」をお知らせしてくれるとか、調達担当者に「発注量とそのタイミング」をお知らせしてくれるとかです。

　とは言え、「予兆検知」もある種の「将来予測」なので、ここでは「将来予測」に含めてお話しを進めていきます。

　次に、5つのデータ分析タイプ（モニタリング・異常検知・将来予測・要因分析・最適化）について簡単に説明していきます。

## ■　「見える化」と言えばモニタリング

　もっともオーソドックスなデータ活用は「モニタリング」です。必ずモニタリングを実施することは多いでしょう。

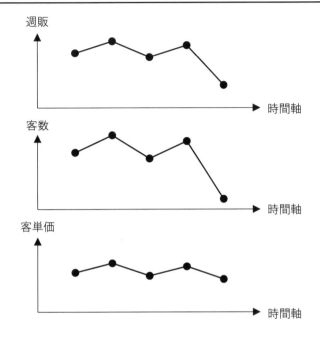

某小売店のモニタリング例

週販

時間軸

客数

時間軸

客単価

時間軸

　モニタリングの良いところは、Y（目的変数）のデータだけで十分だということです。そのため、手軽に始められます。

　例えば、日販（1日の売上高）をモニタリングするとき、日販のデータさえあれば十分です。受注件数をモニタリングするとき、受注件数のデータさえあれば十分です。不良品数をモニタリングするとき、不良品数のデータさえあれば十分です。

　しかし、ただY（目的変数）のデータをグラフ化し眺めても、次に繋がりません。

　例えば……

● 先週よりも週販が悪化しているなぁ

● ここ数カ月受注件数はほぼ変わらないなぁ

● 最近不良品が増えたなぁ

……と思うだけで、その先になかなか進めません。

データの数字の変化が明確でない場合（例：週販が先週に比べ 2% 落ちている、受注件数が 99 件から 111 件に増えた、など）、良し悪しの判断が付きにくいからです。

### ■　モニタリングをするなら異常検知までしよう！

モニタリングをするなら異常検知までしましょう。単に Y（目的変数）のデータをモニタリングする以上の情報を、得ることができます。

ここで言う異常検知とは、モニタリングしている Y（目的変数）が異常かどうかを分析することです。

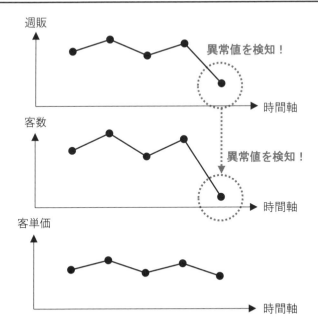

某小売店の異常検知例

単に、Y（目的変数）のデータを眺めるよりも、その値が正常な範囲なのかどうかを教えてくれることは非常に有意義です。

仮に異常値だと判定された場合、「なぜこのような異常が起こったのだろうか?」と、対策が協議されるきっかけになることでしょう。協議され対策が練られれば、それは立派なインテリジェンスです。

　よく、キャンペーンなどの販売促進の効果を確かめるために、異常検知を利用することがあります。

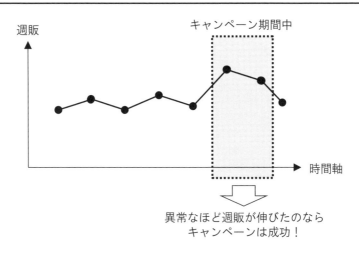

異常検知でキャンペーン効果の有無を判断する

異常なほど週販が伸びたのなら
キャンペーンは成功!

　異常なほど売上が伸びたかどうかを、異常検知で判断することができるからです。

- 異常なほど週販が伸びたなら、そのキャンペーンは大成功
- 週販が異常でない場合、そのキャンペーンは失敗
- 異常なほど週販が落ちたらなら、そのキャンペーンは大失敗

　このような異常検知を実施する場合、通常は異常検知のための数理モデルを構築します。
　特別な数理モデルが必要というわけではなく、多くの場合、第4章で紹介するような簡単な数理モデルでも十分です。

## ■　異常が見えたら、要因分析をしよう！

　異常が検知された場合、「なぜこのような異常が起こったのか？」「異常の要因は何だったのか？」「そのためにどのような対策を打つべきなのか？」など、色々と協議されることでしょう。

　このとき、X（説明変数）などのデータがあると非常に便利です。なぜならば、X（説明変数）から要因を探ることができるからです。

　そのヒントを提供するためのデータ分析が、要因分析です。データを使い異常の要因を探ることで、対策協議のスピードとクオリティを高めることができます。

　例えば、「店舗の週販が悪化したのは、来店客数が減ったからだ」まではモニタリングと異常検知で分かったとします。

　「来店客数の減少理由はなんだろうか？」と考えたとき、天候や販促に関するデータがあることで、来店客数の減少の要因が見えてきます。

某小売店の要因分析例

来店客数の減少の要因が見えれば、より良い対策を案出することができるようになります。

　より良い対策を案出し、それがアクションに繋がれば、その要因分析は、インフォメーションをインテリジェンス化するデータ分析と言えます。

　つまり、要因分析とは、単に Y（目的変数）と X（説明変数）の関係性を分析し、検知された異常の要因を探るだけでなく、その要因に対する対策案を案出するところまで含みます。

## 要因分析の流れ

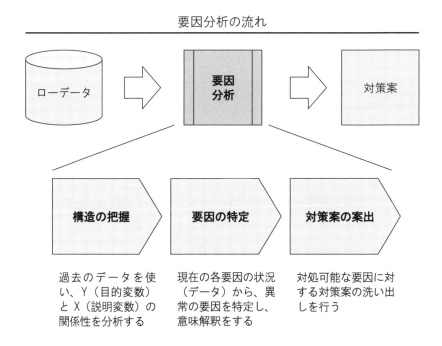

構造の把握
過去のデータを使い、Y（目的変数）と X（説明変数）の関係性を分析する

要因の特定
現在の各要因の状況（データ）から、異常の要因を特定し、意味解釈をする

対策案の案出
対処可能な要因に対する対策案の洗い出しを行う

　構造把握した結果は、よくフィッシュボーンチャートで整理することがあります。

## 構造把握結果をフィッシュボーンチャートで表現

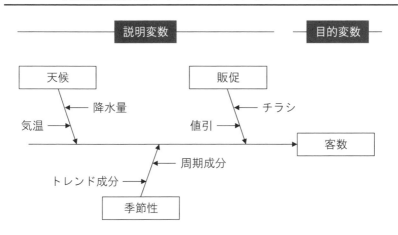

　このフィッシュボーンチャートは、説明変数を「意味」でグループ化して表現しています。

● 販促（販促変数グループ）：チラシ、値引
● 天候（天候変数グループ）：降水量、気温
● 季節性（季節性変数グループ）：周期成分、トレンド成分

さらに、気温やチラシなどは細かくなることでしょう。

● 気温（気温変数グループ）：最高気温、平均気温、最低気温、時間帯
　　　　　　　　　　　　　　　　別など
● チラシ（チラシ変数グループ）：配布量、サイズなど
● 周期成分（周期成分変数グループ）：12 ヶ月周期、3 ヶ月周期など

## チラシ変数グループの表記例

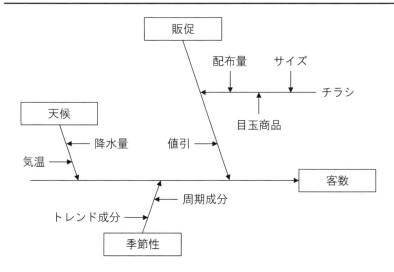

　通常は、データが取得されている項目レベルまで細かくして表現します。魚の骨のような感じになるため、フィッシュボーンチャート（魚の骨図）と呼ばれています。

　人によっては、説明変数を「意味」でグループ化せず、データが取得されている項目レベルで最初から表現することもあります。

　この辺りは好みです。

　Y（目的変数）が常に1つであるとは限りません。複数ある場合があります。この場合、このフィッシュボーンチャートも複数作ることになります。

　複数のフィッシュボーンチャートを、パス解析もしくはグラフィカルモデリングという手法を使うことで、1つのグラフにまとめることがあります。

## パス解析／グラフィカルモデリングなどによる構造表現

| フィッシュボーンチャート | パス解析/グラフィカルモデリングなど |

　このように、X（説明変数）のデータがあることで、X（説明変数）から要因を探ることができます。

　しかし、あくまでもデータで取得できている内容だけです。要因分析は、あくまでも手がかりを提供するだけです。実際どうなっていたのかは、人の頭脳を駆使し導き出さなければなりません。

　では、もしX（説明変数）のデータが全くない場合、どうなるでしょうか。

　それこそ人の頭脳をフル回転し、「一体、何が起こったのか？」を考えていかなくてはなりません。記憶と勘と経験などに頼ることになります。この記憶と勘と経験などは人に依存するために、記憶力に優れ、勘の鋭い、

経験豊富な人であれば問題ないかもしれません。そうでない場合、よろしくない方向に突き進む可能性は否めません。

### ■ 要因が見えたら、要因を変化させ将来予測しよう！

　要因分析を実施したら、予測のための数理モデルを構築することができます。少なくとも、先ほどの例で説明したフィッシュボーンチャートを描ければ、X（説明変数）と Y（説明変数）の関係を数式などで表現し、予測モデルを構築できるはずです。

フィッシュボーンチャートで図示化したものを数式化

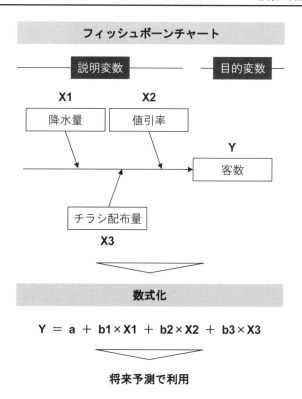

　要因分析までは過去から現在の議論ですが、将来予測は現在から未来の議論になります。

　そして、データ分析の結果を用いてアクションをするのは、未来です。そのため、この将来予測という武器は、データをインテリジェンス化するときに、大いなる武器になります。

　例えば、「店舗の来店客数が減ったのは、豪雨と折込チラシの量が少なかったからだ」までは要因分析で分かったとします。

　「では、折込チラシの量を増やそう」、となるかもしれませんが、そう単純な話しでもありません。

　「どのくらいの量が適正なのか？」「チラシのサイズはどうか？」など色々悩みどころがあります。さらに、降水量が一定水準を上回るとチラシをいくらまいても集客は難しいかもしれない、チラシ以外の販促施策で代替できないだろうか、なども考えられます。

　そこで、「X（説明変数）を変化させたときに Y（説明変数）がどうなるのか？」　をシミュレーションできたら素敵だと思いませんか。

### X を変化させたときに Y がどうなるのかシミュレーション

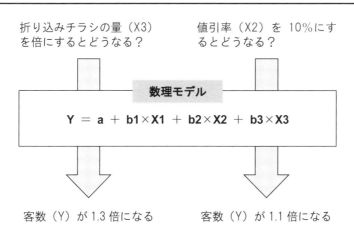

折り込みチラシの量（X3）を倍にするとどうなる？

値引率（X2）を 10％にするとどうなる？

**数理モデル**

$$Y = a + b1 \times X1 + b2 \times X2 + b3 \times X3$$

客数（Y）が 1.3 倍になる　　客数（Y）が 1.1 倍になる

数理モデルでシミュレーションしながら、実施すべき施策を検討することができます。

## ■ 理想的な Y になるための X が見えたら嬉しいね

モニタリングや異常検知、要因分析、将来予測でも、何をすべきかが見えてくることはあります。何をすべきかが見えていれば、その分析結果や予測結果は、十分にインテリジェンス化されていると言えます。

より確実にインテリジェンス化するためには、ズバッと施策を示せたら良いでしょう。分析結果や予測結果などから何をすべきかを読み取るよりも、検討する時間が短縮され良さそうです。

いわゆる、アクションのレコメンドです。レコメンドのためのデータ分析といっても、いくつかやり方があります。例えば、次の3つです。

- シミュレーションによる試行錯誤
- 数理最適化モデル
- レコメンドモデル

「シミュレーションによる試行錯誤」とは、構築した予測モデルを使い、シミュレーションを実施することで、最適なアクションを探ろうというアプローチです。

先ほども説明しましたが、「X（説明変数）を変化させたときに Y（説明変数）がどうなるのか？」をシミュレーションしながら、実施すべき施策を検討します。

## シミュレーションによる試行錯誤によるレコメンド例

**X（説明変数）の設定案**

| 設定案 | X1 | X2 | X3 |
|:---:|:---:|:---:|:---:|
| A | 0 | 10% | 50,000 |
| B | 5 | 3% | 0 |
| C | 10 | 5% | 62,000 |
| D | 30 | 8% | 25,000 |
| E | 25 | 27% | 38,000 |

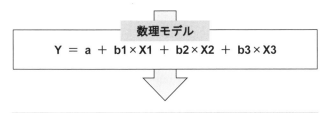

**数理モデル**

$$Y = a + b_1 \times X1 + b_2 \times X2 + b_3 \times X3$$

**Y（説明変数）の予測値**

棒グラフ：売上Yの予測値
折れ線：ROI＝（Y－コスト）÷コスト

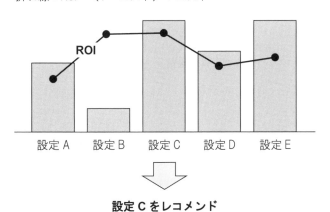

**設定Cをレコメンド**

「数理最適化モデル」とは、数理計画法というアルゴリズムを使って、最適解を数理的に求めるアプローチです。「シミュレーションによる試行錯誤」のような試行錯誤をせずに求めるのが特徴です。

　例えば、マーケティングの広告・販促であれば mROI（Marketing Return On Investment）を最大化する広告・販促費の最適配分（説明変数 X、X はコスト配分）を求めるであるとか、開発・生産系であれば一定基準以上の品質特性（通常 Y は 1 変量ではなく多変量）を実現するための最適な設計条件（説明変数 X）を求めるであるとか、目的変数 Y を最大化もしくは最小化するための説明変数 X を算出します。

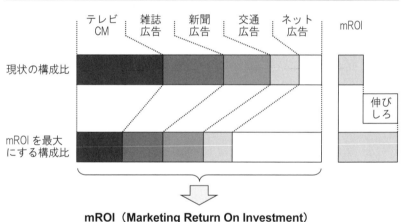

数理最適化モデルを活用したレコメンド例

**mROI（Marketing Return On Investment）を最大にする構成比をレコメンド**

　数理計画法（線形計画法・非線形計画法・混合整数計画法など）のモデリング技術（事象の数式化）はそれなりのスキルが必要なため、ツールがあればできるというものではありませんが、非常に強力な手段の 1 つです。

　「レコメンドモデル」とは、協調フィルタリングなどのレコメンド用の数理モデルを使い、実施すべきアクションを求めるアプローチです。簡単な協調フィルタリングであれば、Excel だけでも実現可能です。

代表的なレコメンドモデルである協調フィルタリング

## 商材ベースの協調フィルタリング

顧客の購入実績から**商材間の買われ方の類似度**を計算し商材をレコメンドする

※1：購入、0：未購入

|  | 商材1 | 商材2 | 商材3 | 商材4 | 商材5 | …… |
|---|---|---|---|---|---|---|
| 顧客A | 1 | 1 | 0 | 0 | 0 | |
| 顧客B | 1 | 1 | 1 | 0 | 1 | |
| 顧客C | 1 | 0 | 0 | 0 | 1 | |
| 顧客D | 0 | 0 | 1 | 1 | 1 | |
| 顧客E | 0 | 0 | 1 | 0 | 1 | |

商材1を購入する顧客は商材2も購入しているケースが多いから、商材1を購入した顧客Cに商材2を勧める

## 顧客ベースの協調フィルタリング

顧客の購入実績から**顧客間の買い方の類似度**を計算し商材をレコメンドする

※1：購入、0：未購入

|  | 商材1 | 商材2 | 商材3 | 商材4 | 商材5 | …… |
|---|---|---|---|---|---|---|
| 顧客A | 1 | 1 | 0 | 0 | 0 | |
| 顧客B | 1 | 1 | 1 | 0 | 1 | |
| 顧客C | 1 | 0 | 0 | 0 | 1 | |
| 顧客D | 0 | 0 | 1 | 1 | 1 | |
| 顧客E | 0 | 0 | 1 | 0 | 1 | |

商材4を顧客Dは購入しているが、似たような購入実績の顧客Eは購入していないので、顧客Eに商材4を勧める

協調フィルタリングのようなレコメンド用の数理モデルを使うのではなく、第4章で説明する簡単な数理モデルを活用することで、レコメンドを実施することも可能です。

　最後に1つ、忘れていけないことがあります。それは、多くの人はレコメンド通りには動かないということです。

　例えば、Amazon がレコメンドした書籍を、毎回そのまま購入する人は少ないと思います。参考にするかもしれませんが、最後は人が意思決定し購入していることでしょう。

　先ほどあげた、広告費の最適配分の例の場合、数理最適化モデルを活用することで、ズバッと最適なコストの構成比が出てきます。私の経験上、数理的に算出した最適配分の通りに、広告予算を組むことはまずありません。このレコメンドされた最適予算配分をもとに、人が最後調整して決めます。

　要は、レコメンドされたことを参考に、最後は微調整し意思決定することが多いと思います。もしかしたら、最終的な意思決定を AI（人工知能）が実施する時代が来るかもしれません。

# 3

## ビジネス上の課題をデータ分析で解決しよう！

# 3. ビジネス上の課題をデータ分析で解決しよう！

## 3-1. 筋のいいテーマ設定をしよう！

### ■ テーマ候補は洗い出すとき、データのことは忘れよう！

　ビジネスにおけるデータは、あくまでも課題解決の手段の１つにすぎません。主役ではなく脇役です。

　そもそも、ビジネス上の課題を解決するのに、データは必須ではありません。データが無くても解決できる課題はたくさんあります。

　しかし……

- ● ビッグデータだ！
- ● データサイエンスだ！！
- ● AI（人工知能）だ！！！

……と前のめりになっているとき、「データを使ってできることはないか！」と考えがちです。

　「データを使って何かしろ！」という指示が、エライ人からくることもあります。会社の雰囲気が、「データを使わなくてはならない……」となんとなくなることもあります。

　このような状況に陥ると、「データでできること」を軸にテーマを探し始める人も少なくありません。「データでできること」を軸にテーマを探し始めると視野が狭くなり、場合によっては「データの可能性」を殺してしまうことがあります。データの可能性を殺すとは、データで課題解決で

きたテーマを見つけられず、データで解決する機会を奪い去ることを意味します。

### 「データで出来ること」を軸にテーマを探すと視野が狭くなる

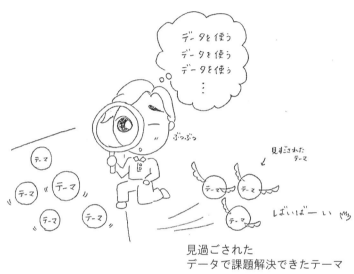

見過ごされた
データで課題解決できたテーマ

このような状況を避けるためには、どうすればいいのでしょうか。

データ分析のテーマを探すとき、「データでビジネス課題を解決しよう！」という考え方を捨て、テーマを探すところから始めます。

「えっ！」と思うかもしれませんが、データの存在を忘れて、解決すべきビジネス課題を考えていきます。それが、ビジネス上の問題をデータ分析で解決する第1歩です。

例えば、ビジネスの「お困りごと」である「ビジネス課題」を、データを活用するかどうかに関係なく洗い出します。

データを使うという制約が外されることで、色々なビジネス課題（仕事の「お困りごと」）が洗い出されることでしょう。

## データの存在を忘れてテーマを探すと視野が広くなる

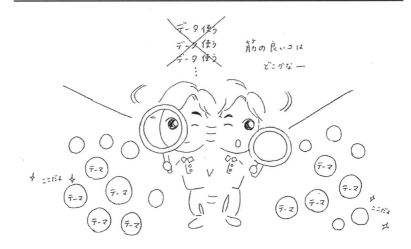

データを使うという制約が外されることで、色々なビジネス課題が発見される

ちなみに、「ビジネス課題」をビジネスの「お困りごと」と意図的に表現しています。理由は、「あなたのビジネス課題を教えてください」と現場に頼むよりも、「あなたの仕事の『お困りごと』を教えてください」と頼んだほうが、ビジネス課題（仕事の「お困りごと」）がたくさん出てきます。ちょっとした言葉の工夫です。

このビジネス課題（仕事の「お困りごと」）には4つのタイプがあります。次の2軸でタイプ分けします。

- 「悪い状態を普通にする」 or 「普通をより良い状態にする」
- 「今のこと」 or 「未来のこと」

## ４つのタイプのビジネス課題（仕事の「お困りごと」）

| | 今のこと | 未来のこと |
|---|---|---|
| 悪い状態を普通にする | 今目の前にある悪い状況を解消するためにすべきこと | これから訪れる悪い状況を解消するために今すべきこと |
| 普通をより良い状態にする | より良い今を実現するためにすべきこと | より良い未来を実現するために今すべきこと |

　最も多く洗い出されるのが、「悪い状態を普通にする」かつ「今のこと」である「今目の前にある悪い状況を解消するためにすべきこと」です。目の前で起こっていることなので、どのようなビジネス課題なにかが分かりやすく、解決できると現場から感謝されやすいのが特徴です。

　油断をすると、この「今目の前にある悪い状況を解消するためにすべきこと」しか洗い出されないことがあります。そのため、悪い状態から抜け出すためでなく、現状に満足することなく、より良くすることも視野に入れていきましょう。さらに、今の課題だけでなく。これから起こるかもしれない未来の課題も視野に入れていきましょう。

　以上のように「データでビジネス課題を解決しよう」ということを一旦忘れ、ビジネス課題を洗い出します。その後、「データを使ったほうがよ

さそうなテーマを探す」ということをします。そして、データ分析・活用のテーマを評価し選びます。

整理すると次にようになります。

● 先ず、データを活用するかどうかに関係なくビジネス課題を洗い出す
● 次に、データを使ったほうがよさそうなテーマを探す
● そして、データ分析・活用のテーマを決定する

テーマ選定までの流れ（ざっくり版）

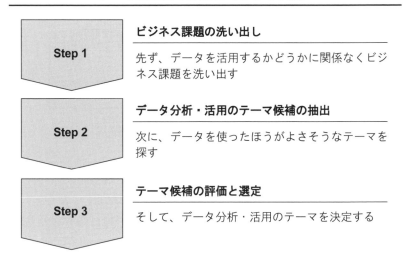

| | ビジネス課題の洗い出し |
|---|---|
| Step 1 | 先ず、データを活用するかどうかに関係なくビジネス課題を洗い出す |
| | データ分析・活用のテーマ候補の抽出 |
| Step 2 | 次に、データを使ったほうがよさそうなテーマを探す |
| | テーマ候補の評価と選定 |
| Step 3 | そして、データ分析・活用のテーマを決定する |

ポイントは、「先ず、データの存在を忘れて、解決すべきビジネス課題を考える」というところです。

## ■ テーマ候補の多くは、ちょっとだけデータ分析の力が必要な課題

ビジネスの「お困りごと」である「ビジネス課題」の中から、どのよう

にして「データを使った方がよさそうなテーマ」を探せばいいのでしょうか。

探し方は非常にシンプルで、例えば次のような逆算アプローチで探していきます。

### データ分析・活用のテーマ候補の抽出（Step 2 の詳細化）

| | |
|---|---|
| **Step 2-1** | **どのような変化が起こしたい？**<br>課題の Before（現状、As-Is）と After（解決された状態、To-Be）を考える |
| **Step 2-2** | **変化に必要なモノは？**<br>「Before → After」の変化を起こすのに何が必要なのかを考える |
| **Step 2-3** | **どのような分析が必要か？**<br>その変化にデータ分析が有効ならば、どのような分析が必要なのかを考える |
| **Step 2-4** | **どのようなデータは必要なのか？**<br>その分析をするために、どのようなデータが必要になるのかを考える |
| **Step 2-5** | **データは存在するのか？**<br>その必要なデータの中で、すでに使えるデータと、そうでないデータを考える |

肝となるのが「Step 2-3」です。「Step 2-3」でデータ分析が必要かどうかの判断をします。もし、データ分析が必要であれば、その課題は「データ分析を活用したほうがよさそうなテーマ」となります。そうでなければ、データ分析をしなくても解決できる課題ということです。

「Step 2-4」でどのようなデータが必要なのかを考え、「Step 5」でそのようなデータが存在するのかを考えていきます。

したがって、「Step 2-3」で「データ分析を活用したほうがよさそうなテーマ」とされても、「Step 2-5」でデータが手元にないことが分かり、「データ分析できない」となることがあります。この場合、テーマ候補から外れます。

これで、データ分析・活用のテーマ候補が抽出されます。

その結果は、ビジネス課題（仕事の「お困りごと」）は、ざっくり次の3つのタイプに大別されることでしょう。

- ● タイプ1　データ分析を使う必要が全くない課題
- ● タイプ2　データ分析をフル活用するほうがいい課題
- ● タイプ3　ちょっとだけデータ分析の力を借りるほうがいい課題

私の経験上、「データ分析をフル活用するほうがいい課題」はほとんどありません。大半は、「ちょっとだけデータ分析の力を借りたほうがいい課題」です。

しかし、「企業内で、データ分析で何かやるぞ！」という声が上がった場合、この「データ分析をフル活用したほうがいい課題」をいきなり探すところから始めることが多い気がします。

## ■　2つの軸でデータ分析・活用のテーマを選ぼう！

データ分析・活用のテーマには、筋の良いものと悪いものがあります。知らず知らずのうちに筋の悪いテーマを選び、そのテーマに挑むと苦労も絶えません。

## データ分析・活用のテーマには筋の良いものと悪いものがある

簡単でインパクトが大きい筋の良いテーマを選ぶと
さくっと成果が出る

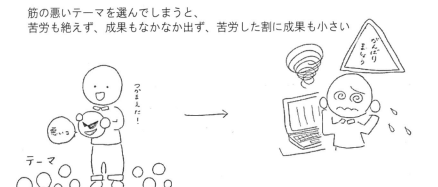

筋の良いテーマを選ぶ

筋の悪いテーマを選んでしまうと、
苦労も絶えず、成果もなかなか出ず、苦労した割に成果も小さい

筋の悪いテーマを選ぶ

　そのテーマが、会社の生き死を左右するとか、部署や製品にとって避けて通れないとか、挑むことが宿命付けられているとかなら仕方ありません。そうではなく、いくつかある複数テーマの中の選択肢の一つであるのなら、ぜひ避けたいものです。

いくつかのデータ分析・活用のテーマ候補があり、その中から挑むテーマを選択するとき、可能ならば筋の良いテーマを選びたいものです。

しかしながら、筋の良し悪しの定義は、人によって異なります。そのため、当然ながらイメージすることも異なることでしょう。ここでは、筋の良し悪しを次の2つの軸で考えていきます。

● 容易性
● インパクト

容易性×インパクト

先ずは「容易性」について説明します。

「容易性」とは、どれだけ簡単に実現できるのか、ということです。もう少し具体的に言うと、テーマとしてあげられたビジネス課題の解決が、データを使ってどれだけ容易に実現できるのか、ということです。

容易性の観点には、次の３つがあります。

● 取得に関する容易性

● 分析に関する容易性

● 活用に関する容易性

容易性

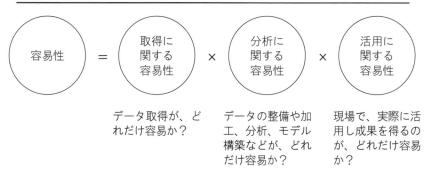

「取得に関する容易性」とは、データの取得がどれだけ容易かということです。

すぐ入手できるのであれば容易ですし、データそのものが存在せずこれから蓄積するのであれば容易とは言えません。

また、「データはきっとあるはず」というあいまいな状況も、どちらかでいうと容易ではありません。社内のどこかにあるはずのデータを探す、という手間が発生します。そもそも、「社内にどのようなデータがあるのかが分からない」という状況も少なくありません。

実際、社内にどのようなデータがあるのか分からない状況で、このようなデータはきっと社内のどこかにあるはずだ、ということで苦労している人を何人も知っています。

さらに、蓄積されているデータでも、入手が難しければ容易とは言えません。部署の壁が立ちはだかることも少なくありません。「今まで他部署

に、このデータを提供したことがなかった」という、理由にならない理由で阻まれることもあります。この理由がまかり通るなら、社内データが流通することはありません。

## 蓄積されているデータでも入手困難なことも多い

社内に
どのようなデータがどこにあるのか
が分からない……

社内に
眠っている
データ

社内のどこかに
あるはずのデータを探す……

社内で見つけたデータも
暗黙の部署ルールで容易に
分析で使えない……

社内で
眠らされている
データ

　「分析に関する容易性」とは、入手したデータの整備・加工・集計・分析・モデル構築などが、どれだけ容易かということです。

　例えば、データを入手できたからといっても、分析できる状態になっていることは少なく、何かしらの整備や加工などが必要になります。意外と大変です。データの整備や加工などに膨大な手間が必要な場合、すぐに分析できないので、容易とは言えません。

　すぐに分析できる状態であっても、高度な分析技術などが必要な場合や、そのデータ分析をスムーズに実施するスキルが不十分であれば、容易とは言えません。

## データがあるのに分析できず

「活用に関する容易性」とは、営業や生産、マーケティング、経営、調達などの現場で、データ分析の結果や構築したモデルなどの結果を見て実際に活用し、成果に繋げることがどれだけ容易かということです。

　活用すること自体が簡単なのか、難しいのかは非常に大きなことです。

例えば、現状の活動を大きく変えない改善活動であれば比較的容易です。しかし、現状の行動を大きく変える変革が伴う場合、非常に難しくなります。

　データ分析・活用の信頼がない状態で、現状の行動を大きく変える変革が伴う場合、面倒だと思われ上手くいかないことがあります。

　組織のデータ分析・活用の経験値が少ない場合、現状の活動を大きく変えない改善活動をメインにしたデータ分析・活用をある程度実施し成果を積み上げ、組織内におけるデータ分析・活用の信頼を醸成した方がいいでしょう。

## めんどくさいと思われたら活用されない

現場の営業パーソン

　次に、「インパクト」について説明します。

　「インパクト」とは、データ分析を活用したときに得られる「成果の大きさ」です。

　受注件数やセミナー申込者数、歩留まり（良品の割合）、事業貢献利益率、コストカットの割合など、定量的な指標で表し考えていきますが、指

標の単位（例：件、人、率、円など）が異なると、テーマを評価し選定する際に困ります。

そのため、可能であればすべて「金額（円）」で表現するようにしましょう。

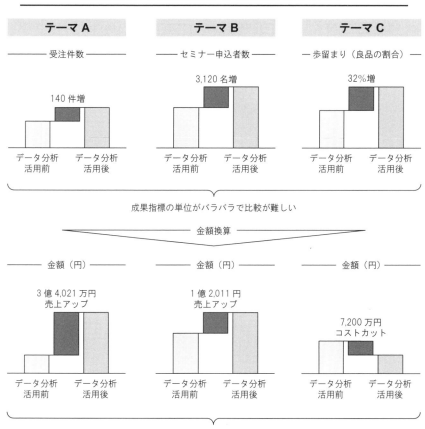

成果の大きさは金額換算して比較評価しよう！

要するに、インパクトとはデータ分析・活用によってもたらされる「金額（円）」で表現された「成果の大きさ」です。

## ■ 筋の良いテーマ、どんなテーマ？

　今お話ししたように、テーマを選定するとき、「容易性×インパクト」の掛け算で考えていきます。

筋の良いテーマを選ぼう！

　このとき「筋の良いテーマ」とは、「簡単でインパクトが大きい」テーマです。そのため、複数のテーマ候補があるのなら、簡単でインパクトが大きいテーマを選びましょう、となります。

　しかし、「ビッグデータだ！」「データサイエンスだ！！」「機械学習だ！！！」　と盛り上がっているとき、決まって「インパクトが大きいが難しいテーマ」を選びがちです。なぜあえて難しいテーマを選ぶのか謎なくらい、「インパクトが大きいが難しいテーマ」（腰を据えて挑むテーマ）を選んでいるのです。

## 決まって「インパクトが大きいが難しいテーマ」を選びがち

　「インパクトが大きいが難しいテーマ」（腰を据えて挑むテーマ）には年月が必要で、労の大きさを考えると、パフォーマンス効率は良いとは言えません。実現すれば「おぉー」という感嘆の声が聞こえるかもしれませんが、非常に大きな忍耐力が必要となります。

　ですので、会社の生死を左右するとか、部署や製品にとって避けて通れないとか、挑むことが宿命付けられているとかでなければ、「簡単でインパクトが大きいテーマ」（腰を据えて挑むテーマ）を選び、ガンガン成果を生み出し続けたほうがいいでしょう。

### ■　経験値とビジネス成果を積み上げよう！

　「簡単でインパクトが大きいテーマ」が、いつもあるわけではありませんし、あってもそれほど多くはありません。

　多くのデータ分析・活用のテーマ候補は、「インパクトが大きいが難しいテーマ」（腰を据えて挑むテーマ）もしくは「簡単だけどインパクトの小さなテーマ」（積小為大なテーマ）になります。

ここで1つの大きな悩みが生まれます。

　「インパクトが大きいが難しいテーマ」（腰を据えて挑むテーマ）と「簡単だけどインパクトの小さなテーマ」（積小為大なテーマ）、どちらを優先して選ぶべきか。

　絶対これが正しいというものはありませんが、データ分析・活用の経験値が少なく、まだデータ分析・活用の成果があまり出ていないのなら、「簡単だけどインパクトの小さなテーマ」（積小為大なテーマ）を優先すべきです。

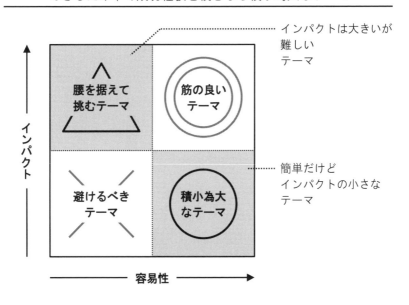

できるだけ早く成功経験を積むなら積小為大なテーマ

　理由は、「簡単だけどインパクトの小さなテーマ」の場合、簡単に成果が出るため、成功体験をどんどん積めて、関わった人のデータ分析・活用の能力を高めるからです。インパクトの小さなテーマであっても、その成果は立派な成果です。

「簡単だけどインパクトの小さなテーマ」に挑み、
テーマの量をこなし力を付ける

　「ちりも積もれば山のとなる」ということで、「簡単だけどインパクトの小さなテーマ」（積小為大なテーマ）に挑み小さなビジネス成果を積み上げることで、それなりの大きなビジネス成果へとなります。まさに、二宮尊徳の「積小為大」（小を積んで大を致す）です。

　組織的な余裕と、データ分析・活用のある程度の経験値があるのなら、「インパクトが大きいが難しいテーマ」（腰を据えて挑むテーマ）に挑み、中長期的な成果を目指すのもいいでしょう。

# 3-2. データでより良いアクションを導き出す

## ■ アクションを導くために考えるべき 3 つのこと

　データ活用全般にいえることですが、データは「過去」の「ある事象」（例：受注や生産、購買など）の「1 面の 1 部分」だけを表したものに過ぎません。

　例えば、「受注件数」というデータは、「成果」という側面を表したデータにすぎず、「成果を得るためのプロセス」や「顧客の心理状態」、「営業パーソンの性格」なども、「受注」という事象の一側面です。

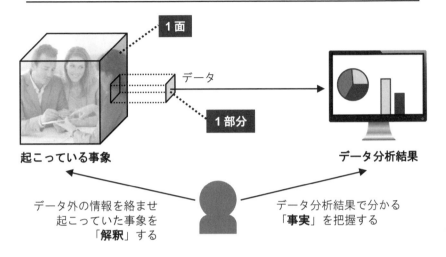

データから分かるのは「事象」の「１面の１部分」だけ

**１面**

**データ**

**１部分**

**起こっている事象**

**データ分析結果**

データ外の情報を絡ませ
起こっていた事象を
**「解釈」**する

データ分析結果で分かる
**「事実」**を把握する

　この過去の一部分でしかないデータを使い、これから何をすべきかを考えるのですから、容易ではありません。データを使いより良いアクションを導き出すために、例えば次の「３つのこと」を、データを分析し考えていきます。

① 何が起こっていたのか（過去）
② どうなりそうか（未来）
③ 何をすればよいのか（アクション）

　先ずは、「何が起こっていたのか（過去）」を検討することから始めます。

## 「何が起こっていたのか（過去）」を検討する

　データ活用を考えたとき、多くの人が実施するのがこのデータ分析です。簡単そうに見えますが、実は難しい側面があります。データは過去の一部でしかないため、データだけで知り得る以上の何かを、分析者自らがデータから読み取る必要があるからです。

　「何が起こっていたのか（過去）」を検討後、次に「どうなりそうか（未来）」を検討します。

## 「どうなりそうか（未来）」を検討する

過去のデータから未来を考えるのですから、一筋縄には行きません。ちょっとした工夫が必要になります。

　ちょっとした工夫の1つが、過去から未来を予測する数理モデルなどを構築するということです。

　「どうなりそうか（未来）」を検討後、次に「何をすればよいのか（アクション）」を検討します。

　ここまで到達してはじめて「データ分析を実施した」ことになります。

---

「何をすればよいのか（アクション）」を検討する

---

　データ分析は単に過去を語り未来を見通すだけではなく、「何をすべきか」というアクションまで提示する必要があります。提示とまでいかなくとも、アクションが見えるとこまでデータを分析する必要があります。

## ■　データ分析から導き出す5つのこと

　では、今説明した「データから考える3つのこと」（①何が起こっていたのか・②どうなりそうか・③何をすればよいのか）を考えるために、どのようなデータ分析をすればいいのでしょうか。

　色々なデータ分析のやり方がありますし、分析技術にも色々なものがあります。目的さえ達成できれば、どのようなやり方のデータ分析でも問題ないでしょう。

　ビジネスでデータ分析・活用を目指すなら、次の「データ分析から導き出す 5 つのこと」（事実・解釈・延長・対策・解決）を導き出すデータ分析をする必要があります。

- Ⓐ 事実：データから直接分かることは何か？
- Ⓑ 解釈：データの裏側で何が起こっているのか？
- Ⓒ 延長：そのまま何も対策を打たないとどうなるのか？
- Ⓓ 対策：どのような対策を打つべきか？
- Ⓔ 解決：対策を打つとどうなるのか？

　この「データ分析から導き出す 5 つのこと」（事実・解釈・延長・対策・解決）で利用するのは、どのようなデータ分析でしょうか。

　第 2 章で説明した「5 つのデータ分析タイプ」（モニタリング・異常検知・要因分析・将来予測・レコメンド）です。

　この「5 つのデータ分析タイプ」（モニタリング・異常検知・要因分析・将来予測・レコメンド）を実施するには、何かしらの分析技術や数理モデル（予測モデルや異常検知モデルなど）が必要になります。第 4 章で説明します。

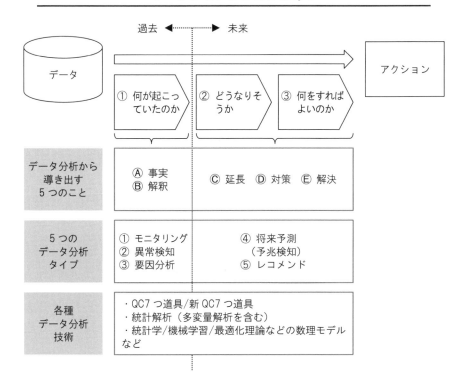

「データから考える 3 つのこと」（①何が起こっていたのか・②どうなりそうか・③何をすればよいのか）について、「データ分析から導き出す5 つのこと」（事実・解釈・延長・対策・解決）や「5 つのデータ分析タイプ」（モニタリング・異常検知・要因分析・将来予測・レコメンド）などを絡めて、もう少し詳しく説明します。

## ■ 先ずは、「何が起こっていたのか（過去）」を考える

データサイエンスや機械学習などから「予測」というポイントに目が行く方も少なくありません。しかし、データは所詮過去の記録に過ぎません。過去の記録から未来を予測するには、ひと工夫必要になります。

　データを使った予測をするために、過去のデータ間の関係性を数理モデル化し、その数理モデルを利用して予測していきます。そういう意味で、過去に「何が起こっていたのか」を、先ずは考えていくことは、非常に重要になってきます。そもそも、予測するしないに関係なく「先ず過去のデータで過去を理解しよう」とする行為は、とても自然なことだと思います。

　データを蓄積する動機の１つに、よく「見える化」という言葉が使われます。「見える化」して何をしたいかと言えば、「何が起こったいたのかを知りたい」ということでしょう。問題が起こっていれば、対策を打つきっかけになりますし、何ごともなければ計画通り進めればいいわけです。

　要するに、データを手にしたとき、過去に「何が起こっていたのか」を、先ずは考えていきます。

何が起こっていたのか（過去）

① 何が起こっていたのか
（過去）

この「何が起こっていたのか（過去）」を考えていくために、次の 2 つのことをデータ分析から導き出していきます。

Ⓐ 事実：データから直接分かることは何か？
Ⓑ 解釈：データの裏側で何が起こっているのか？

先ほど説明した「5 つのデータ分析タイプ」（モニタリング・異常検知・要因分析・将来予測・レコメンド）の中で、次の 3 つのデータ分析を実施します。

● モニタリング
● 異常検知
● 要因分析

「何が起こっていたのか（過去）」のためにすべきこと

| 何が起こっていたのか（過去） |
| --- |

を考えるためにデータ分析で導き出すのは……

| Ⓐ 事実：データから直接分かることは何か？<br>Ⓑ 解釈：データの裏側で何が起こっているのか？ |
| --- |

のために実施するデータ分析は……

| ① モニタリング<br>② 異常検知<br>③ 要因分析 |
| --- |

モニタリングでは、得られたデータの状況を加工・集計し、場合によってはグラフなどで視覚化することで、どうなっているのかを見ていきます。
次に、その視覚化した数字に異常がないかどうかを見るために、異常検知を実施します。

　さらに、その異常の原因が何であるかを考えていくために、要因分析を実施していきます。

　これらの３つのデータ分析を通して「Ⓐ事実」を把握し、そこから何が起こっていたのかを「Ⓑ解釈」していきます。

　利用する分析技術や数理モデルなどは、それほど高度なものではなく、従来からあるベタなもので十分です。第４章で説明しますが、「QC７つ道具」（管理図やフィッシュボーンチャートなど）と「新QC７つ道具」（親和図法や系統図法など）だけで十分分析可能です。さらに、統計解析（多変量解析を含む）の知識があると、より良いでしょう。そのあたりも第４章で触れます。

　先ほども述べましたが、データから分かるのは、「ある事象」（例：受注など）の「１面の１部分」だけです。

　そのため、実際に「何が起こっていたのか」は、データから直接は分かりません。データから直接分かるのは、実際に何が起こっていたのかを「知る手がかり」にすぎません。そのため、データから「Ⓐ事実」という手がかりをつかみ、実際に「何が起こっていたのか」を「Ⓑ解釈」する必要があるのです。

　データから直接分かる「Ⓐ事実」は、誰が見て考えてもほぼ同じことが導かれるはずです。

　例えば……

- 「先月に比べ受注件数が10％増えた」
- 「昨年同月に比べ売上が25％落ちた」
- 「自社開催イベント経由のリード（見込み客）数が、計画値よりも25％多い」

……という「事実」は、誰が見ても同じです。

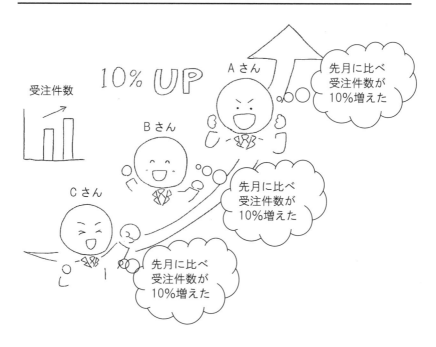

例えば……

- 「先週に比べ製品の良品数が 50%増えた」
- 「歩留まり（良品の割合）が 87%から 58%に悪化した」
- 「製造ラインの稼働時間が、先月に比べ 30%減少した」

……は誰が見ても同じです。

## 歩留まりが悪化したという「事実」は誰が見ても同じ

　「Ⓐ事実」では、素直にデータを読み取ります。感情や思い入れ、解釈など主観的な要素は極力排除して読み取ります。

　「Ⓑ解釈」は、「Ⓐ事実」をもとに「何が起こっていたのか」を、その人の持っている情報や今まで培った経験値や感覚、考え方などを通して見ていくため、人によって異なります。

　例えば、「先月に比べ受注件数が10%増えた」に対する「Ⓑ解釈」は……

● 「受注件数が10%増えたのは『営業が頑張った』からだ」、

● 「受注件数が10%増えたのは『商材の評判が良くなった』からだ」、

● 「受注件数が10%増えたのは『リード（見込み顧客）の質が高まった』からだ」

……のように人によって異なります。

受注件数が増えたことに対する「解釈」は人によって異なる

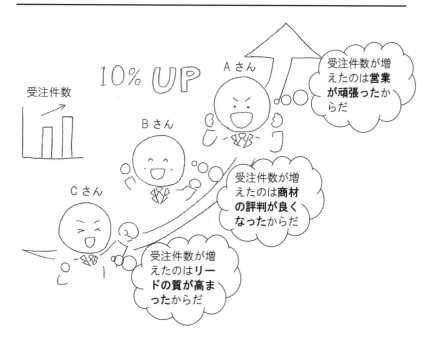

　例えば、「歩留まり（良品の割合）が 87%から 58%に悪化した」に対する「Ⓑ解釈」は……

- 「歩留まりが 58%に悪化したのは『猛暑に対応した機器の温度設定が適切でなかった』からだ」、
- 「歩留まりが 58%に悪化したのは『材料のサプライヤーが変わり材料特性がやや変化した』からだ」、
- 「歩留まりが 58%に悪化したのは『長期休暇明けだった』からだ」

……のように人によって異なります。

## 歩留まりが悪化したことに対する「解釈」は人によって異なる

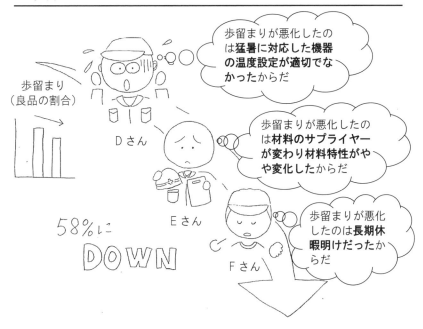

誰の「Ⓑ解釈」が正しいのかは、本当のところ誰も分かりません。少なくとも、「Ⓑ解釈」が現場から見たら「荒唐無稽なこと」にならないように注意しましょう。

そのためにも、現場の人の「Ⓑ解釈」を積極的に取り入れたほうがいいでしょう。近視眼的になりやすいという欠点はありますが、現場で起こっていることは現場の人にしか分かりません。多くの場合、現場の頭の中にある「現場感」（感覚的な現場の定性情報）はデータ化されておらず、集めたデータには表れてきません。

つまり「Ⓑ解釈」は、「Ⓐ事実」と現場の頭の中にある「現場感」（感覚的な現場の定性情報）を掛け合わせることで、実際に「何が起こっていたのか」を垣間見ることです。

## ■ 次に、「どうなりそうか（未来）」を考える

「何が起こっていたのか」という過去を考えたら、次に「どうなりそうか」という未来を考えます。

未来について考えることで、これから何をすべきかというアクションにつながります。なぜならば、これからアクションをするのは、過去ではなく未来だからです。

「当たり前ではないか！」と思う方もいるかもしれません。しかし、この当たり前のことができていないデータ分析が非常に多いのです。過去ばかり探るデータ分析では、なかなか次のアクションにつながりません。

どうなりそうか（未来）

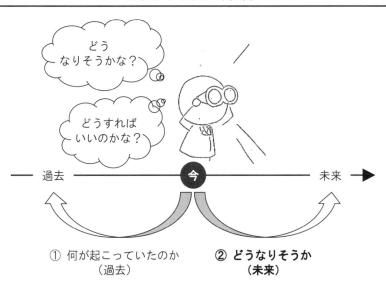

この「どうなりそうか（未来）」を考えていくために、次の 3 つのことをデータ分析から導き出していきます。

Ⓒ 延長：そのまま何も対策を打たないとどうなるのか？

Ⓓ 対策：どのような対策を打つべきか？

Ⓔ 解決：対策を打つとどうなるのか？

「そのまま何もしないとどうなるのか」（Ⓒ延長）では、過去の傾向を未来に引き伸ばし、「問題が起こりそうかどうか」を考えます。もし問題が起こりそうであれば、何か対策を考えなければなりません。

## そのまま何もしないとどうなるのか

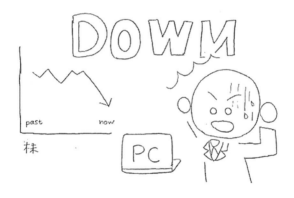

過去の傾向を未来に引き伸ばし
「問題が起こりそうかどうか」を考える

「問題が起こりそうならばどのような対策を打つべきか」（Ⓓ対策）では、「そのまま何もしないとどうなるのか」（Ⓒ延長）を考えたときに見えた問題の対策案を考えます。この部分はアイデア勝負です。成功体験から考えるのもいいです。今までやったことのない奇抜なものでも問題ありません。過去の知見や現場の感覚などを織り交ぜ、頭をフル回転させます。

## 問題が起こりそうならばどのような対策を打つべきか

過去の知見や現場の感覚などを織り交ぜ
頭をフル回転させ問題の対策案を考える

　「対策を打つとどうなるのか」（Ⓔ解決）で、「Ⓓ対策」を打った結果を
考えます。問題が劇的に解決するかもしれませんし、あまり解決しないか
もしれません。予測モデルの予測値は参考程度に、対策案 1 つ 1 つに対
し、基本は人の頭を使い、その結果を考えていきます。

## 対策を打つとどうなるのか

対策案 1 つ 1 つに対し
対策を打った結果を考える

　ここでは、先ほど説明した「5 つのデータ分析タイプ」（モニタリング・異常検知・要因分析・将来予測・レコメンド）の中で、次のデータ分析を実施していくことになります。

● 将来予測

### 「どうなりそうか（未来）」のためにすべきこと

---

| どうなりそうか（未来） |
| --- |

　を考えるためにデータ分析で導き出すのは……

| Ⓒ 延長：そのまま何も対策を打たないとどうなるのか？<br>Ⓓ 対策：どのような対策を打つべきか？<br>Ⓔ 解決：対策を打つとどうなるのか？ |
| --- |

　のために実施するデータ分析は……

| ④ 将来予測 |
| --- |

　将来予測をするためには、予測するための数理モデルである「予測モデル」を構築する必要があります。

　この予測モデルを使うのは、「Ⓒ 延長：そのまま何も対策を打たないとどうなるのか？」と「Ⓔ 解決：対策を打つとどうなるのか？」です。

　第 4 章でも簡単に触れますが、古典的には統計解析（多変量解析を含む）の線形回帰モデル（例：金額などの量を予測）やロジスティック回帰モデル（例：受注 or 失注などの分類を予測）などを構築することで、予測モデルを構築することができます。

　予測モデルに関しては、機械学習の隆盛などからニューラルネットワーク系のディープラーニングや、決定木（ディシジョンツリー）系の XGBoost など様々なものが登場してきています。最新の数理モデルの方

が、予測精度が高いとか、実務で使いやすいとか、そう言い切れないのが悩ましいところです。

　そのため、先ずは統計解析（多変量解析を含む）の線形回帰モデル（例：金額などの量を予測）やロジスティック回帰モデル（例：受注 or 失注などの分類を予測）などで予測モデルを構築することを、お勧めします。その構築した結果を元に、数理モデルを進化させていくといいでしょう。

　予測モデルを使うのは、次の2つです。

　Ⓒ　延長：そのまま何も対策を打たないとどうなるのか？
　Ⓔ　解決：対策を打つとどうなるのか？

　「対策を打ったとき」（Ⓔ解決）で重要になるのは、「そのまま何もしないとき」（Ⓒ延長）とのギャップを見ることです。対策を打ったときの予測値と、対策を打たなかったとき（そのまま何もしないとき）の予測値の差です。

　この定量的なギャップが、その対策の定量的な効果の大きさです。

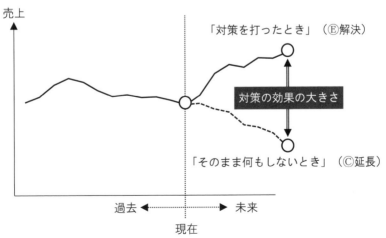

対策の効果の大きさ

　予測モデルを使わない「Ⓓ 対策：どのような対策を打つべきか？」では、人の頭をフル回転さえ考えていく必要があります。

　さらに、予測モデルを使う「Ⓒ 延長：そのまま何も対策を打たないとどうなるのか？」と「Ⓔ 解決：対策を打つとどうなるのか？」も、基本、人の頭をつかい未来を見ていきます。なぜならば、何度も言っていますが、データは世の中の事象のごく一部を切り出したものに過ぎないためです。データが語れない動きは、人の頭で捕捉していくしかかりません。

　そのため、予測モデルなどの予測結果に頼りすぎないように気を付けましょう。

**予測結果に過度に依存せず「人の頭」で未来を考える**

分析した人

エライ人

現場の人

関連部署の人　　データに詳しい人

　要するに、基本的には「人の頭」で未来（Ⓒ延長・Ⓓ対策・Ⓔ解決）を考えていきます。

　必ず現場のビジネスパーソンを含めて考えていきましょう。現場を知らない人や現場と遠く離れたところにいる人だけで未来を考えると、リアリティが欠如し実行されない対策を導くだけです。

あくまでも、未来の想像力を刺激するために、予測モデルなどの予測結果を使います。予測値はあくまでも参考程度のもので、何ごとも人間の頭で考えることが必要です。

## ■ そして、「何をすればよいのか（アクション）」を考える

「どうなりそうか」という未来を考え、いくつかの「対策案」とその「効果の大きさ」（©延長と©解決のギャップ）を出したら、次に「何をすればよいのか」というアクションを考えます。

何をすればよいのか（アクション）

この「何をすればよいのか（アクション）」を考えていくために、次の2つのことをデータ分析から導き出していきます。

Ⓓ 対策：どのような対策を打つべきか？

Ⓔ 解決：対策を打つとどうなるのか？

　先ほど説明した「5 つのデータ分析タイプ」（モニタリング・異常検知・要因分析・将来予測・レコメンド）の中で、次のデータ分析を実施していくことになります。

● 将来予測
● レコメンド

「何をすればよいのか（アクション）」のためにすべきこと

**何をすればよいのか（アクション）**

　を考えるためにデータ分析で導き出すのは……

Ⓓ **対策**：どのような対策を打つべきか？
Ⓔ **解決**：対策を打つとどうなるのか？

　のために実施するデータ分析は……

④ **将来予測**
⑤ **レコメンド**

　「どうなりそうか（未来）」では、いくつかの「対策案」とその「効果の大きさ」（Ⓒ延長とⒺ解決のギャップ）を考えました。「何をすればよいのか（アクション）」では、いくつかの「対策案」を多様な評価軸で絞り込んでいきます。
　「効果の大きさ」に関する評価軸だけでなく「費用対効果」や「実現可能性」などの評価軸も考慮し、具体的に実施するアクションを検討し決めます。

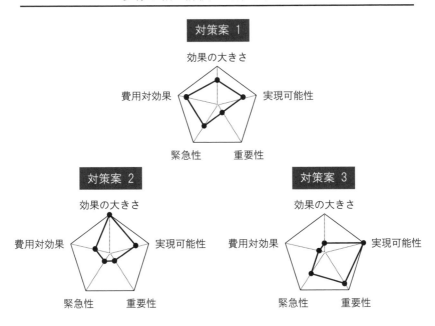

多様な軸で評価し対策を決定する

対策案 1

対策案 2

対策案 3

　ここでは、「○○すべき」や「○○したほうが良い」などのアクション
のレコメンドを目指します。

　データ分析の結果を積み上げながら議論し、すべきことを取りまとめ提
言する「人的レコメンド」もいいですし、レコメンドのための数理モデル
（レコメンドエンジン）を構築しレコメンドする「機械的レコメンド」も
いいでしょう。

現場のためになるアクションのレコメンドを目指す

## 3-3. 成果は金額換算で

### ■　成果を金額で示せばインパクト大

　データ分析・活用の成果は、何かしらの数値で表しましょう。そのためにも、あらかじめ定量的な成果指標を決め、数値目標を計画しておくべきです。当たり前と思うかもしれませんが、たまに定性的な目標を設定し満足してしまうケースが見られます。

　例えば……

- DMP（データマネジメントプラットフォーム）を構築する
- BI（ビジネスインテリジェンス）ツールを導入する
- 外観検査のための数理モデルを構築しシステムに組み込む

……などです。

　このような場合、「できた or できなかった」という評価しかできませ

ん。さらに、何をもって「できた」と判断すればいいのかが分かりにくい
です。しかも、「できた」ところで、ビジネス上何が達成されたのか意味
が分かりません。

　場合によっては、「DMP さえ構築できればいんでしょ！」という感じ
で、全く役立たずのシステムが構築されてしまう可能性もあります。「BI
ツールさえ導入すればいんでしょ！」という感じで、ほとんど誰も使わな
い分析ツールが導入されてしまう可能性もあります。

　ビジネスでのデータ分析であれば、できれば、金額に近い定量的な指標
を使うのが良いでしょう。

　例えば……

- DMP を構築することで100億円のコストダウン
- BI ツール導入で利益率10%アップ
- 外観検査のための数理モデルを構築しシステムに組み込むことで 10
  億円のコストダウン

……などです。

　そのため、「DMP さえ構築できればいんでしょ！」という感じでには
ならず、最低限「100億円のコストダウン」を達成する DMP を構築する
必要がでてきます。そのため、「BI ツールさえ導入すればいんでしょ！」
という感じでにはならず、最低限「利益率が10%アップ」する BI ツール
導入をする必要があります。

## 成果や目標は定性的ではなく定量的に数値で語る

| 定性的 | 定量的 |
|---|---|
| DMP（データマネジメントプラットフォーム）を構築する |  DMPを構築することで100億円のコストダウン |
| BI（ビジネスインテリジェンス）ツールを導入する |  BIツール導入で利益率10％アップ |
| 外観検査のための数理モデルを構築しシステムに組み込む |  外観検査を数理モデル化することで10億円のコストダウン |

　下品な言い方で申し訳ないですが、「カネのにおい」がする指標ほどインパクトを持ちます。分かりやすく、誰でも理解可能です。他部署の人でも分かります。

　例えば、人事部の新卒採用担当者がデータ分析・活用による成果を示すとき、「内定受諾率が50％から80％にあがった」と言うよりも、「内定受諾者数を減らすことなく3,000万円コストダウンした」の方が、分かりやすくインパクトがあります。「内定受諾」という言葉にピンとこなかったり、受諾率が80％であることのすごさが分からなかったりしても、コストダウンという金額で示されれば、データ分析・活用によってどのくらいの規模の成果が出たのかが理解できます。

## 金額以外の数値ではなく、できれば金額で語る

| 金額以外の数値 | 金額 |
|---|---|
| 内定受諾率が**50**％から**80**％にあがったよ | 内定受諾者数を減らすことなく**3,000**万円コストダウンしたよ |

成果は金額換算して示した方が分かりやすいしインパクトがある

データ分析・活用の成果を金額で示すことは、単に成果を分かりやすくインパクトを持って他者などに伝えるだけではありません。

　金額で示された指標は、データ分析・活用の関係者に大きな意識変化を起こします。データ分析する側も、それを活用する側にもビジネス成果を生む意識が高まります。具体的な「金額」で成果を示す必要が出てくるからです。営業パーソンが売上などの数字を背負う感覚に似ています。

　さらに、金額換算された成果は、データ分析・活用の関係者に自信と、ビジネス貢献の実感をもたらせてくれます。

　例えば、データ分析・活用によって「主力製品の生産の歩留まりを60%前後から常に 95%以上になるよう改善した」というよりも、「例年1,000 億前後の営業利益を出している会社に、新たに 500 億円の利益をもたらせた」の方が、会社全体の営業利益を 1.5 倍にしたという自信も生まれますし、ビジネス貢献した実感を強く感じられることでしょう。

　では、どのような指標を使うのがいいのでしょうか。

　基本は、売上・コスト・利益の 3 つです。利益は売上とコストから計算できるので、売上・コストの 2 つでもいいかもしれません。また、利益や効率性が重要ということで、利益・利益率・回転率・生産性・ROI などでもよいでしょう。

　このように、よくある管理会計で出てくるような指標を使ってもいいですし、その指標を参考に新たな指標を作っても問題ないでしょう。使う指標を選択する際のポイントは、できるだけ難しくしないほうがいいということと、直観的に理解できるものがいいです。

　要は、「カネのにおい」がする指標をデータ分析・活用の指標として採用しましょう、ということです。

## ■　成果は現場で生まれるという当たり前の事実

データ分析・活用の成果は、どこで生まれるでしょうか。答えは「現場」です。データ分析そのものからは何も生まれません。これが意外と、忘れがちです。

例えば……

- 「見える化」さえすれば
- 「データ分析」さえすれば
- 「予測モデル構築」さえすれば
- 「BI や CRM などのデータ分析・活用基盤を整備」さえすれば
- 「AI（人工知能）」さえ導入すれば

……とっても嬉しい何かが起こるに違いない。

このような考えている方にたまに出会います。多くの場合、嬉しいビジネス成果を手にすることはありないことでしょう。

このことを、「データ分析・活用の流れ」を「Input → Output → Outcome」と単純化して考えてみます。

「Input」とは、蓄積されたデータや、何かしらの情報です。この「Input」を使いデータ分析などを実施し、インフォメーションをインテリジェンス化します。

「Output」とは、データ分析した「分析結果」などです。適切なデータ分析などを実施できれば、それはインテリジェンスです。

「Outcome」とは、その分析結果を現場で活用して得られた「成果」です。

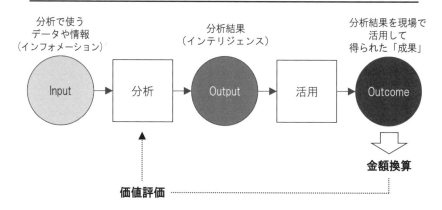

成果は現場で生まれデータ分析の価値が評価される

分析で使う
データや情報
（インフォメーション）

Input

分析

分析結果
（インテリジェンス）

Output

活用

分析結果を現場で
活用して
得られた「成果」

Outcome

金額換算

価値評価

　そのため、「Input → Output」のデータ分析そのものの価値は
「Outcome」（ビジネス成果）で評価され、その評価が金額換算できれば
「Input → Output」のデータ分析そのものの価値評価を金額で示すこと
ができるようになります。

　この Outcome（ビジネス成果）は、「データ分析を活用する『現場』」
で生まれます。この「データ分析を活用する『現場』」は、組織の末端だ
けではありません。例えば、データ分析を活用する現場が「経営の現場」
ならば、経営者向けのデータ分析になります。

　この「データ分析を活用する『現場』」を強烈に意識しないと、
Outcome（ビジネス成果）が生まれず、「成果のでる分析」ではなく「成
果のでない分析」をしてしまうことがあります。注意が必要です。

## ■　データ分析・活用で生まれる売上変動とコスト変動

　データ分析・活用を実践するとき売上アップだけでなく売上ダウンも起
こり得ますし、コストダウンだけでなくコストアップも起こり得ます。

　データ分析・活用の成果は、「Outcome」で生まれますが、コストは至
る所で発生します。

データ分析・活用の成果を金額換算するときは、次の4つの金額を見積もることが多いです。

- ● 売上変動
  - ➤ プラスの売上変動（売上アップ）
  - ➤ マイナスの売上変動（売上ダウン）
- ● コスト変動
  - ➤ プラスのコスト変動（コストアップ）
  - ➤ マイナスのコスト変動（コストダウン）

### データ分析・活用による利益変動（売上変動・コスト変動）

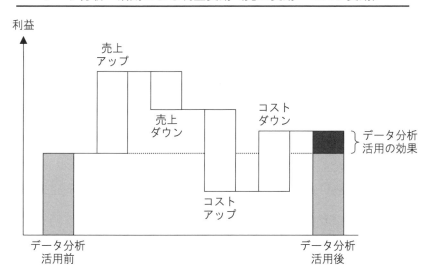

データ分析・活用を実践するとき、売上アップやコストダウンなど利益アップを目指すケースが多いと思います。

しかし、現実は副作用が伴い、逆に売上ダウンやコストアップなどによる利益ダウンが、ある程度起こります。

分かりやすい例ですと、データ分析・活用基盤の導入コストや、有償の

分析ツールのコストです。さらに、今までデータ分析・活用を実施していない場合、そのための工数が発生しコストアップします。

　また、データ分析・活用で効率化し、利益がアップしたり利益率が改善したりした場合、その代償として、何かしらの売上がダウンすることがあります。

　例えば、利益率の悪いある商材の販売を縮小すれば、その商材の売上はダウンします。利益の小さいあるエリアから撤退すれば、そのエリアの売上はダウンします。

　このように、データ分析・活用をするとき、売上アップやコストダウンという魅力的な面だけでなく、売上ダウンやコストアップといった利益を悪化させる面も考えていく必要があります。

　次に、売上変動とコスト変動について、それぞれ説明していきます。

## ■　売上変動を因数分解で考える

　先ほどお話ししたように、売上変動には2つあります。

- プラスの売上変動　　：データ分析・活用で売上がアップする（利益アップ）
- マイナスの売上変動：データ分析・活用で売上がダウンする（利益ダウン）

　売上変動を考え計算するとき、例えば次の3つに因数分解し考えたりします。

- 客数
- 単価
- 頻度

## 売上の因数分解例

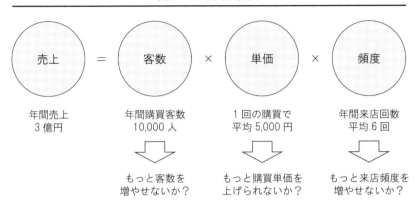

この例の場合、「売上＝客数×単価×頻度」となるため、「プラスの売上変動」は、客数アップか単価アップ、頻度アップのいずれかで起こります。

アクションという視点に立てば、3つのいずれかをアップさせるアクションを考えることで、結果的に売上アップのアクションになるということです。

例えば……

● 客数アップを目指すなら、新規顧客獲得や顧客の離反防止のためのアクションをする
● 単価アップを目指すなら、アップセル（上位の高い商品への買い替え）やパッケージセル（関連商品のセット販売）のためのアクションをする

……などです。

もう一つの売上変動である「マイナスの売上変動」は、客数ダウンか単価ダウン、頻度ダウンのいずれかで起こります。

今説明した売上の因数分解は一例です。ビジネスの状況ややり方に応じて、因数分解のやり方を変える必要があります。

## ■ コスト変動を因数分解して考える

先ほどお話ししたように、コスト変動には2つあります。

- プラスのコスト変動　：データ分析・活用でコストがアップする（利益ダウン）
- マイナスのコスト変動：データ分析・活用でコストがダウンする（利益アップ）

先ほどもお話ししましたが、データ分析・活用を実践するとき、コストダウンに目が行きがちですが、実は何かとコストがかかります。

したがって、コスト変動を考えるとき、「プラスのコスト変動」（コストアップ）と「マイナスのコスト変動」（コストダウン）を、しっかり考慮する必要があります。

コストは厄介なことに、「目に見えやすいコスト」（「モノ」にまつわるコスト）と「目に見えにくいコスト」（「コト」にまつわるコスト）の、大きく2種類に分けられます。

「目に見えやすいコスト」（「モノ」にまつわるコスト）とは、データ分析・活用基盤の導入コストやシステムの運用・保守コストなどです。このコストは分かりやすく見積りやすいでしょう。

「目に見えにくいコスト」（「コト」にまつわるコスト）とはシステム担当者やデータ分析者、データ分析を活用する「現場」などの工数コストです。データ分析・活用を実践するとき、何かしら人の動きが変化します。

このような目に見えにくい「工数の変化」による「コストの変化」をとらえるためには、「業務プロセス」を描き見積もります。このとき、「業務プロセス」がどう変化するのかまで描く必要があります。

　変化するのかまで描いたとき、描いた業務が、次の5つにざっくり分類
されます。

● 新たに始める業務（今までなかった、新たに実施する業務）
● 工数の増える業務（今まであり、工数の増える業務）
● 工数の変化しない業務（今まであり、工数の変化しない業務）
● 工数の減る業務（今まであり、工数の減る業務）
● 止める業務（今まであったが、なくなる業務）

## データ分析・活用で業務プロセスは変化する

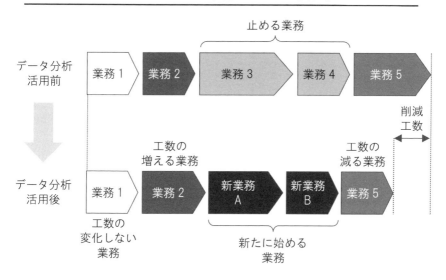

　つまり、「業務プロセス」の変化を描くことで、何を新たに始め、何を
止め、どの業務の工数が増えて、どの業務の工数が減り、どの業務が今ま
でと変わらないのかが分かるようになります。
　この「業務プロセス」の変化を描くことは、単にコストを見積もるだけ
でなく、データ分析・活用によってどのように業務の流れが変わるのかが
分かるため、データ分析・活用そのものが実現しやすくなります。

「業務プロセス」には次の3つがあります。

- 分析ストーリー（分析結果などを提供する側の業務プロセス）
- 活用ストーリー（提供された分析結果などを活用する現場側の業務プロセス）
- 管理ストーリー（データ分析・活用を管理する側の業務プロセス）

「分析ストーリー」とは、データを加工・集計・分析したり、数理モデルを構築したり、その結果を出したり、レポート化したりするまでの業務プロセスを意味しています。データ分析担当者やデータサイエンティスト、機械学習エンジニアと呼ばれる人が担う部分です。

「活用ストーリー」とは、提供されたデータ分析の結果などを活用する「現場の動き」（業務プロセス）です。この業務プロセスがあるかないかは、現場がデータ分析の結果などを活用するかどうかに、大きく関わってきます。この「活用ストーリー」があることで、現場でどのように動けばいいのか、今までと何が異なるのかが見え、データ分析・活用の実践がしやすくなります。

「管理ストーリー」とは、データ分析・活用を管理する側の業務プロセスです。従来からある PDCA サイクル（Plan-Do-Check-Act、計画・実行・評価・改善）を活用すれば十分です。

PDCA サイクル（Plan-Do-Check-Act）

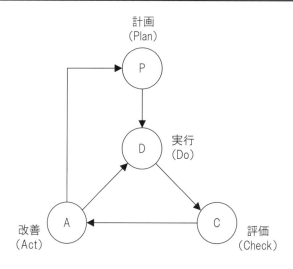

では、具体的にどのようにして、「業務プロセス」の変化からコストを見積もるのかを説明します。

このようなコスト計算をするとき ABC（Active Based Costing）が役立ちます。ABC（Active Based Costing）とは、各活動（アクティビティ）を明らかにし金額換算（コスト計算）する手法です。

ABC では、各アクティビティのコストを次の 3 つに因数分解して計算します。

● 単価
● 時間
● 回数

例えば、ある集計業務を単価 60 円/分の人が 1 回あたり 120 分かけて実施していれば、1 回の集計業務は 7,200 円（＝60 円/分×120 分）となります。それを月 4 回実施していれば、月あたり 28,800 円（=7,200 円/回×月 4 回）のコストとなります。

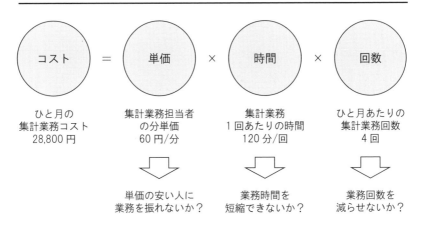

コストの因数分解例

| コスト | = | 単価 | × | 時間 | × | 回数 |

ひと月の
集計業務コスト
28,800 円

集計業務担当者
の分単価
60 円/分

集計業務
1 回あたりの時間
120 分/回

ひと月あたりの
集計業務回数
4 回

単価の安い人に
業務を振れないか？

業務時間を
短縮できないか？

業務回数を
減らせないか？

　ABC で考えたとき、「マイナスのコスト変動」は、単価ダウンか時間ダウン、回数ダウンのいずれかで起こります。「プラスのコスト変動」は、単価アップか時間アップ、回数アップのいずれかで起こります。

　例えば、集計業務をデータ分析の専門家でない人（60 円/分）から高単価なデータ分析の専門家（120 円/分）に置き換えたとします。

　単価は、60 円/分から 2 倍の 120 円/分になりました。一方、集計業務1 回あたりの時間が、120 分/回から 6 分の 1 の 20 分/回に減りました。月あたりの集計業務の回数は同じ 4 回のままです（週 1 集計業務を実施）。

　ひと月あたりの業務コストは、28,800 円（＝60 円/分×120 分/回×4回）から 9,600 円（＝120 円/分×20 分/回×4 回）に減り、19,200 円のコストダウンです。

　このようにして、「業務プロセス」の変化を金額換算していきます。

## コストの変化例

集計業務を低単価な素人（60 円/分）から
高単価な専門家（120 円/分）に置き換えた結果

以上の方法で、「業務プロセスの変化」による「コストの変化」を見積
もることができます。

# 3-4. データ問題解決フレームワーク PPDAC

## ■ 小学生でも使える PPDAC サイクルとは？

PPDAC サイクルは、1990 年代に作られたデータ分析による課題解決マネジメントサイクルで、以下の 5 つのステップで構成されています。

- P（Problem）：課題の設定
- P（Plan）：調査・分析の計画
- D（Data）：情報収集
- A（Analysis）：情報の整理・集計・分析・数理モデル構築など
- C（Conclusion）：とりあえずの結論

PPDAC サイクル

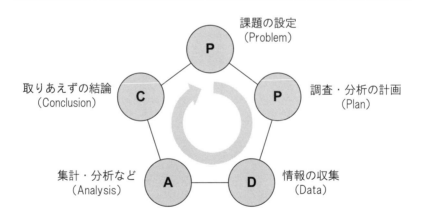

PPDAC は、P（Problem、課題設定）からスタートし P（Problem、課題設定）→P（Plan、計画）→D（Data、データ収集）→A（Analysis、データ集計・分析・数理モデル構築など）→C（Conclusion、とりあえずの結論）の順番に進みます。

Cまで進んだら、必要があれば再度 P（Problem、課題設定）に戻り、新たな PPDAC がスタートします。

要するに、PPDAC を何度も回転し回していくことになります。

このサイクルの優れているところは、実用的で誰でも使えることです。「小中学生」がデータを活用した問題解決力を身につける教育でも使われています。

しかも、私自身実際に使ってみて分かったことは、ビジネスの実務でも非常に有効であることです。

この PPDAC サイクルは、時間をかけて高品質なサイクルを 1 回するのではなく、短時間にそこそこのサイクルを何回も重ねます。

例えば、データ分析で何かしらの提言をするまでの期間が 1 週間であれば 5 サイクル（1 日 1 回ペース）回します。期間が 1 日であれば 2 回（3 時間に 1 回ペース）する。PPDAC サイクルを何回も回しながら対応策の質を高めていきます。

PPDAC サイクルを 1 回転するたびに「とりあえずの結論（Conclusion）」を出していきます。

## ■ 3 つの PPDAC サイクル

データ分析・活用を実現するには、以下の 3 つのフェーズを順に実施する必要があります。

- テーマ設定フェーズ
- モデル構築フェーズ
- テスト運用フェーズ

データ分析・活用のテーマを
設定するフェーズ

理想は 「筋の良いテーマ」

設定したテーマのデータ分
析・活用で必要なモデルを構
築し、実務活用の準備をする
フェーズ

モデル構築フェーズで準備し
たモデルなどを使い、実際に
成果をあげられるそうかを、
一部署などでテスト的に実施
し検討するフェーズ

　「テーマ設定フェーズ」は、データ分析・活用のテーマを設定するフェーズです。理想は 「筋の良いテーマ」を探し、テーマとして設定することです。

　設定するテーマを間違うと、どんなに努力しても、なかなか成果を出すことが難しくなります。そのため、非常に重要になってきます。

　「モデル構築フェーズ」は、実際にデータなどを集め、データ分析で解決するテーマにとって必要なモデルなどを構築し、実務活用の準備をするフェーズです。

　実際にデータなどを集めるところから始めるため、テーマ設定フェーズで描いた絵が、実は実現できないということが、分かることもあります。

　例えば……

- 想定したデータがない
- データ量が足りない
- データが汚すぎてそのまま使えない

……など、データにまつわる色々なトラブルが待ち構えています。

　その克服に時間とコストがかかりそうであれば、場合によっては「テーマ設定フェーズ」に戻りテーマ選定からやり直す必要もでてきます。

　「テスト運用フェーズ」は、モデル構築フェーズで準備したモデルなどを使い、思い描いたような成果をあげられるそうかを、一部署などでテスト的に実施し検討するフェーズです。

　想定した業務プロセスが上手く流れなかったり、無理（過重労働で対応）をしなければ回らなかったり、運用上の問題が色々でてきます。

　例えば……

- データの集め方
- 加工の仕方
- 分析の仕方
- モデル構築の仕方
- 分析結果や予測結果を出すタイミング
- 現場への結果の渡し方や受け取り方
- 分析結果や予測結果の見せ方（媒体やグラフ表現を含む）
- 分析結果や予測結果の見方（何のために何をどうみるのか）
- 現場での活用の仕方

……など、色々な改善すべき課題が出てきます。

　さらに、テストとは言え、実務活用するため、何かしらの成果を手にし

ます。その成果が想定したよりも少なかったり、逆に多かったりします。

もし、モデル構築でどうにかなりそうであれば、「モデル構築フェーズ」に戻りますし、テーマそのものを変えた方が良さそうだとなれば、「テーマ設定フェーズ」に戻ります。

このフェーズで、本格的なデータ分析・活用の運用を実施すべきかどうかの判断をします。

この3つの各フェーズで回すPPDACサイクルは、PPDACサイクルのテーマもアウトプットも、それぞれ異なります。

各フェーズのPPDACテーマと目指すアウトプット

| フェーズ | PPDACテーマ | 目指すアウトプット |
|---|---|---|
| テーマ設定フェーズ | データ分析・活用のテーマは何か？ | データ分析・活用のテーマ |
| モデル構築フェーズ | 実務で耐えるモデルを構築できるのか？ | 各モデルのプロトタイプ |
| テスト運用フェーズ | 成果をあげられるのか？ | テスト運用後の展開 |

ちなみに、1つのフェーズで1回だけPPDACサイクルを回すというわけではありません。各フェーズの結論が固まるまで、何度でも回します。さらに、各フェーズを行ったり来たりします。

気軽に、ガンガンPPDACサイクルを回していきましょう。

それでは、それぞれのPPDACについて簡単に説明していきます。

## ■ テーマ設定のためのPPDACサイクル

「テーマ設定のための PPDAC サイクル」とは、文字通り「データ分析・活用で解決するテーマ」を設定するためのものです。

そのため、この PPDAC サイクルのテーマ（P：Ploblem で設定する課

題）は「データ分析・活用のテーマは何か？」となり、PPDAC サイクル
を回し終わったときのアウトプットが「データ分析・活用のテーマ」とな
ります。

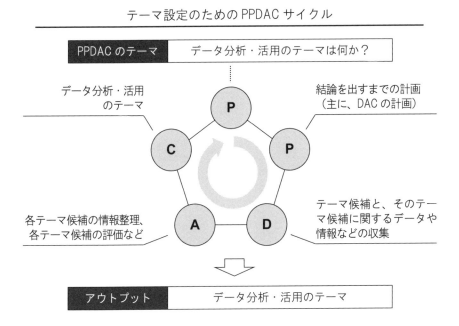

テーマ設定のための PPDAC サイクル

データ分析・活用のテーマ設定については、「3-1. 筋の良いテーマを設
定しよう！」で詳しく説明しました。そこで説明した内容を、D（Data）・
A（Analysis）で実施します。

D（Data）では、A（Analysis）に必要なデータや情報などを収集する
ことになります。そのため、D（Data）と A（Analysis）は行ったり来た
りします。ほぼ同時に進むと考えてもいいでしょう。

D（Data）の情報収集などは、現場へのヒアリングや、関係者を集めた
ブレインストーミングになることもあります。ブレインストーミングのと
きに利用する技術の1つに、親和図法というものがあります。後ほど QC 7
つ道具の説明で登場します。

また、D（Data）で集めた情報を、データ化（電子的に記録保存）することを忘れないようにしましょう。

手順は、「3-1. 筋のいいテーマ設定をしよう！」で簡単に説明しましたが、PPDAC と紐づけてまとめると、次のようになります。

## テーマ選定までの流れ

| | Step 1 | **課題単位（課題と解決策のセット）の洗い出し** | |
|---|---|---|---|
| | | Step 1-1 | データを活用するかどうかに関係なくビジネス課題を洗い出す |
| | | Step 1-2 | 各課題に対する解決策を案出する |
| | | Step 1-3 | 各課題と各解決策を 1 セットして課題単位（テーマ候補）とする |

**Data**

| Step 2 | **データ分析・活用のテーマ候補の抽出** | |
|---|---|---|
| | Step 2-1 | 課題の Before（現状、As-Is）→After（解決された状態、To-Be）を考える |
| | Step 2-2 | Before → After の変化を起こすのに何が必要なのかを考える |
| | Step 2-3 | 仮にデータ分析が必要ならば、どのような分析が必要なのかを考える |
| | Step 2-4 | その分析をするために、どのようなデータが必要になるのかを考える |
| | Step 2-5 | その必要なデータの中で、すでに使えるデータとそうでないデータを考える |

**Analysis**

| Step 3 | **テーマ候補の評価と選定** | |
|---|---|---|
| | Step 3-1 | 評価軸（容易性とインパクト）を定義する |
| | Step 3-2 | テーマ候補を評価する |
| | Step 3-3 | テーマを選定する |

　簡単に言うと、「課題単位（課題と解決策のセット）を洗い出し、洗い出した課題単位（課題と解決策のセット）からテーマ候補（データを使った方が良さそうな課題単位）を抽出し、その抽出したテーマ候補を評価し、データ分析・活用のテーマを選定する」という流れです。

　ここで、「課題単位（課題と解決策のセット）」という聞き慣れない用語が登場しています。簡単に説明します。

　課題単位とは、ビジネス上の「課題」とその課題を解決のための「解決策」の組み合わせのことを指しています。通常、1つの課題に対し1つの解決策しかないということは稀で、1つの課題に対し複数の解決策が登場します。

### 課題単位（課題と解決策のセット）とテーマ候補の抽出

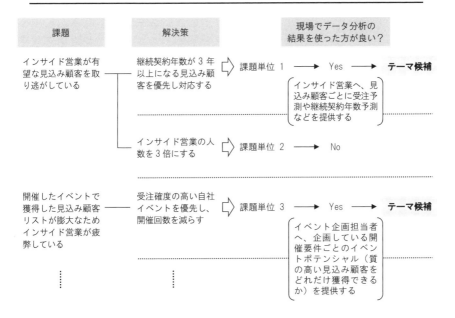

　なぜ、課題と解決策のセットを作り、データ分析・活用を考えていくのでしょうか。

それは、データ分析を活用するかどうかは、課題そのものに依存するというよりも、その解決策に依存するからです。

　解決策には「データ分析を活用しない解決策」もあれば、「データ分析を活用した方が良い解決策」もあります。

　もし、「データ分析を活用しない解決策」を実施するのであれば、データ分析・活用のテーマにはなりません。一方、「データ分析を活用した方が良い解決策」を実施するのであれば、データ分析・活用のテーマになります。

　要は、データを活用するかどうかは、解決策次第ということです。

　つまり、課題だけがあってもデータを使った方が良いのかどうかは分からないのです。解決策があってはじめてデータを使うべきかどうかの判断が付くのです。

　そのため、「課題単位（課題と解決策のセット）」というものをテーマ候補として考えていきます。

## ■　モデル構築のための PPDAC サイクル

　「テーマ設定のための PPDAC サイクル」が終了すると、「データ分析・活用で解決するテーマ」が決まっているはずです。その「データ分析・活用で解決するテーマ」に必要なモデルを構築するのが、「モデル構築のための PPDAC サイクル」です。

　この PPDAC サイクルの後に、テスト的に実際の現場で構築したモデルを活用していきます。

　そのため、この PPDAC サイクルのテーマ（P：Ploblem で設定する課題）は「実務で耐えるモデルを構築できるのか？」となり、PPDAC サイクルを回し終わったときのアウトプットが「データ分析・活用のテーマ」となります。

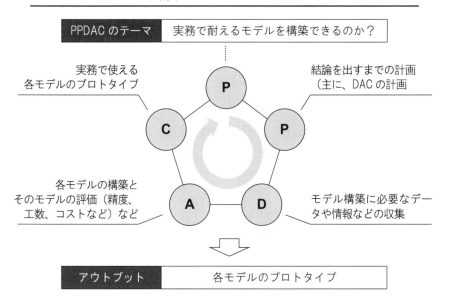

この PPDAC サイクルの中で、実際にデータを集め、この集めたデータを使い加工や集計、分析、数理モデル構築などを実施します。

このとき、単にデータを分析したり数理モデルを構築したりするだけでなく、全体的な分析プロセスや個々の作業手順なども固めていきます。さらに、アウトプットの見せ方や提供方法、現場での活用の仕方なども、併せて検討していきます。

要するに、実務で使うことを前提にしたモデル構築を実施していくのです。

データ分析・活用で使うモデルと聞くと、多くの人は数式などで表現された数理モデル（予測モデルや異常検知モデルなど）をイメージするようです。

ここで言うモデルとは、現実世界を模したもので、何かしらの記号（数

式や図など）で表現されたものです。数理モデルは、数式という記号で表現されたモデルの一つに過ぎません。

　業務の流れを図で描けば、それもモデルです。日々の営業活動の成果をグラフ化すれば、それもモデルです。数式や図やグラフなどは、現実世界そのものではありませんが、現実世界の一部を切り取り表現したものです。

　ここで言いたいのは、データ分析・活用の際に必要となるモデルには、数理モデル以外にも色々あるということです。

　例えば、次の4種類のモデルです。

- 数理モデル（将来予測や異常検知などのためのモデル）
- プロセスモデル（データの加工・集計・分析や、数理モデル構築のプロセスや手順、活用する現場の業務プロセスなど）
  - ➢ 分析ストーリー（分析結果などを提供する側の業務プロセス）
  - ➢ 活用ストーリー（提供された分析結果などを活用する現場側の業務プロセス）
  - ➢ 管理ストーリー（データ分析・活用を管理する側の業務プロセス）
- 指標モデル（KPI などの指標など）
- レポートなどのモックアップ（現場に提供するレポートやダッシュボードなどのひな形）

　この4つのモデルがあることで、実際にデータ分析・活用するとき、データを分析しその結果を提供する側も、その結果を活用する現場側も、動きやすくなることでしょう。

　モデル構築のための PPDAC サイクルは、通常、モデルごとに分けて PPDAC サイクルを回すことになります。

　同時に回しても構いませんが、別物として分けて考えていきましょう。

- 数理モデル構築のための PPDAC サイクル

- プロセスモデル構築のための PPDAC サイクル
  - ➤ 分析ストーリー構築のための PPDAC サイクル
  - ➤ 活用ストーリー構築のための PPDAC サイクル
  - ➤ 管理ストーリー構築のための PPDAC サイクル
- 指標モデル構築のための PPDAC サイクル
- モックアップモデル構築のための PPDAC サイクル

## データ分析・活用で利用するモデルのイメージ

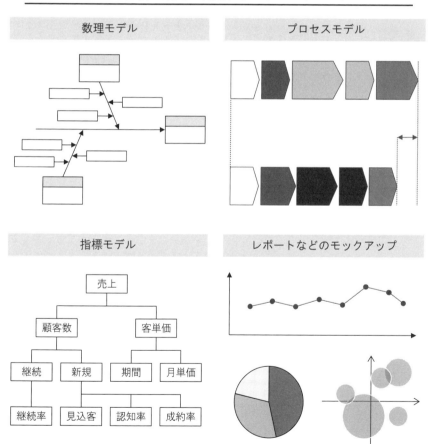

数理モデル

プロセスモデル

指標モデル

レポートなどのモックアップ

この「モデル構築のための PPDAC サイクル」を回していくと、ある重大な結論に至ることがあります。それは、「このテーマはダメだ！」という結論です。

例えば……

● 実際にデータを集めようとしたら、思ったほど集まらない
● 集まったデータの質が良くない
● データ整備に膨大な時間がかかりそう
● データ量が不十分である
● 業務プロセスが煩雑になりそう
● 指標を作るためのデータ取得が難しい（現場の多大なる協力が必要など）
● 現場の望むタイミングが早すぎて分析オペレーションが事実上不可能
● 具体的に詰めていったら、それほどビジネス成果を得られそうにない
● 実現するための人財が足りない
● データ分析・活用基盤のコストが多大になりそう
● 現場が動いてくれなさそうだ
● 現場の理解が得られそうにない

……などです。

「このテーマはダメだ！」という結論になったら、フェーズ１に戻りテーマ設定からやり直します。諦めずに粘り強く取り組むのもいいですが、スパッと諦めるのも手です。

## ■ テスト運用のための PPDAC サイクル

「モデル構築のための PPDAC サイクル」が終了すると、実務活用の準備がある程度は整っているはずです。

この準備した各プロトタイプモデル（数理モデル・プロセスモデル・指標モデル・モックアップモデルなど）で、成果をあげられるのかを検討す

る必要があります。それが、「テスト運用のための PPDAC サイクル」です。

　テスト運用というぐらいなので、本格運用前のお試しという意味合いです。ある一定の期間を、ある商材や製品で、ある特定の部署だけでデータ分析・活用を実施し、使い物になるかどうか、どのくらいの成果を望めそうかをテストします。

　要するに、「モデル構築のための PPDAC サイクル」で構築した各プロトタイプモデル（数理モデル・プロセスモデル・指標モデル・モックアップモデルなど）で、成果をだせそうかをテストします。テストと言っても、実際に現場で活用していきます。

　そのため、この PPDAC サイクルのテーマ（P : Ploblem で設定する課題）は「成果をあげられるのか？」となり、PPDAC サイクルを回し終わったときのアウトプットが「テスト運用後の展開」となります。

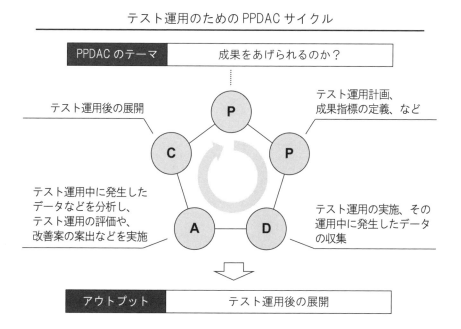

テスト運用のための PPDAC サイクル

3章・ビジネス上の課題をデータ分析で解決しよう！

このPPDACサイクルを通して、現場でそれなりの成果が出せそうかが見えてきます。さらに、各プロトタイプモデル（数理モデル・プロセスモデル・指標モデル・モックアップモデルなど）の問題や課題も浮き彫りになってきます。

　このPPDACサイクルのP（Plan）は、単にD（Data）・A（Analysis）を計画するだけでなく、現場のテスト運用を計画する必要があります。

　さらに、テスト運用そのものの成果指標を設計しなければなりません。何をもって成功と見なすのか分からなくなるからです。

　ちなみに、テスト運用そのものは、D（Data）のデータや情報などの収集の一要素です。なぜならば、現場のテスト運用中に色々なデータが発生し蓄積されていくからです。もちろん、運用結果というデータも蓄積されます。

　このとき、日報のような「テキストデータ」も蓄積します。例えば、「どのような状況で、何をし、どうなったのか」といったものを事細かに記録し蓄積します。そのためいささか面倒です。そういう意味でも、テスト運用時はできるだけ小さく始めることをお薦めします。

　このようなものを現場で記録するのが無理（リソース不足など）そうであれば、現場以外の人が現場に対し、都度ヒアリングをするなどで対応し、記録していく必要があります。

　これらのデータ（例：日報）の多くは、単にデータ分析・活用そのもののためというよりも、テスト運用の結果を評価するため、という使い方をされます。

　この記録したものをベースに、A（Analysis）で分析し、今回の取り組みがどうであったのかを評価します。

　例えば……

- どの程度の成果を得ることができたのか？
- どのような問題が起こったのか？
- 改善するべきことは何か？

……などです。

C（Conclusion）では、今回のテスト運用を結論付けます。

例えば……

- 成功したのか？　失敗したのか？
- もう少しテストを実施するのか？
- 本格運用に移るのか？
- プロトタイプモデルの構築をやり直すのか？
- プロトタイプモデルを進化させより精緻なモデルを構築するのか？
- そもそもテーマ選定からやり直すのか？

……などです。

　C（Conclusion）で、本格的なデータ分析・活用の運用を実施すべきかどうかの判断をします。
　実施すると結論付けられたら、その準備を進めます。実施すべきでないと結論付けられたら、「モデル構築フェーズ」や「テーマ設定フェーズ」に戻ります。「モデル構築フェーズ」に戻りモデルを再構築したり、「テーマ設定フェーズ」に戻りテーマそのものをやり直したりします。

# 4

# データ分析の
# 道具箱

# 4. データ分析の道具箱

## 4-1. 誰でも使える QC 7 つ道具

### ■ QC 7 つ道具とは?

データ分析・活用に慣れていない方にお勧めなのが、QC 7 つ道具です。QC とは、Quality Control の略で品質管理のことです。

ここでは概要のみ説明します。詳細は拙著『14 のフレームワークで考えるデータ分析の教科書』(かんき出版、2014 年)を読んで頂くか、QC 7 つ道具の専門書を読んで頂ければと思います。それほど難しいものではございません。

QC 7 つ道具とは、品質管理で利用されていた分析手法で、どちらかというと定量データの分析に向いています。統計学やデータ分析の専門家でない製造業の生産現場の人でも使っています。

QC 7 つ道具は、日本では高度成長期前から使われ、50 年以上のデータ活用実績を有します、大企業の製造業の多くは、SQC (統計的品質管理) の専門家が、生産の現場に近いところに当たり前のようにいます。

統計学やデータ分析の専門家でない人向けに作られたもののため、データ分析・活用に慣れていない方にお勧めなのです。

ここでは、QC 7 つ道具の次の 5 つの道具について簡単に説明します。

## QC 7 つ道具

- チェックシート
- ヒストグラム
- 管理図
- 散布図　　　　　　　　　説明する 5 つの道具
- パレート図
- 特性要因図
- 層別

## ■　ヒストグラム

ヒストグラムとは横軸に階級、縦軸に度数をとった縦棒グラフで、データの分布を視覚的に捉えることができます。売上や受注金額など定量データを手にしたとき、「データの特徴を見よう！」ということで使います。

### ヒストグラム例

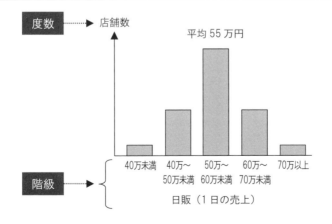

ヒストグラムを描くとき、併せて平均値や標準偏差（もしくは分散、分散は標準偏差を 2 乗したもの）、最大値、最小値などの統計学的な指標を計算します。

たまに、いきなり平均値だけで語る人がいます。平均値は同じでもヒストグラムの形が異なることは多々あります。解釈を間違う危険がありますので、可能な限りヒストグラムを描き分布の形を確認することをお薦めします。

## 平均は同じでも実情は全然異なる

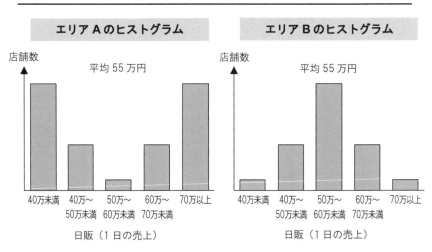

## ■　管理図

　管理図とは、ひと言で言うと、時系列の折れ線グラフです。売上や受注件数などの重要な指標の推移などをモニタリングするために利用します。

　通常は、上方管理限界線と下方管理限界線という閾値を設け、その間の外にでたとき異常値と見なします。

管理図例

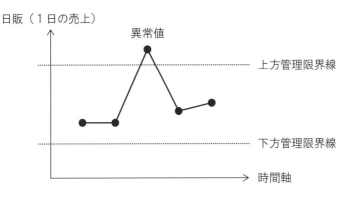

某店舗の売上の管理図（日次推移）

　例えば、日販（日単位の売上）をモニタリングしていたとします。

　管理図上の異常値は、日販でヒストグラムを作ったとき、上方管理限界線を越えたデータはヒストグラムの右に、下方管理限界線を下まわったデータはヒストグラムの左に極端に現れます。

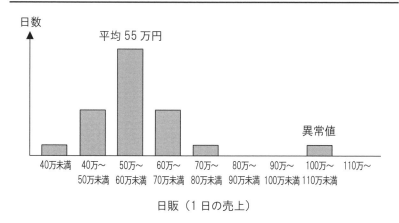

A店の日販のヒストグラムと異常値

日数

平均55万円

異常値

| 40万未満 | 40万～<br>50万未満 | 50万～<br>60万未満 | 60万～<br>70万未満 | 70万～<br>80万未満 | 80万～<br>90万未満 | 90万～<br>100万未満 | 100万～<br>110万未満 | 110万～ |

日販（1日の売上）

　異常検知は、管理図を使うことでもできますし、ヒストグラムを使うことでもできます。日販の例のように時系列で推移するデータでない場合には、ヒストグラムを使い異常検知をすることになることでしょう。

## ■　散布図

　ヒストグラムと管理図は、1つの売上や受注金額などの定量データの特徴を把握するものでした。1つの定量データの特徴を把握したら、定量データ間の関係性が気になります。

　例えば、「客単価の高い店舗は、来店客数も多いのだろうか？」とか、「来店客数と関係があるのは、何であろうか？」という感じです。客単価の店舗は来店客数も多いのかもしれませんし、そうでないかもしれません。来店客数に影響するのは、降水量かもしれませんし、新聞の折込チラシの量かもしれません。

　このように、散布図は2つの定量データの関係を把握するときに利用します。

　要は、先ず、ヒストグラムや管理図などで1つの定量データの特徴を把

握し、その後、散布図で 2 つの定量データの関係を把握するという使い方をよくします。

## ヒストグラムから散布図へ

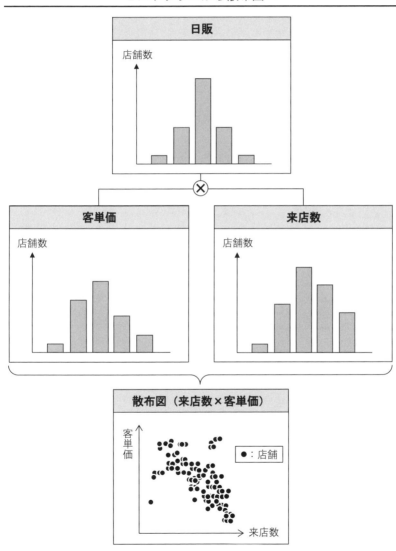

4章・データ分析の道具箱

193

散布図を描くとき、併せて相関係数などの統計学的な指標を計算します。相関係数は−1 から＋1 の間の数値をとり、＋1 に近いほど「正の相関関係がある」（一方が増加すると他方も増加する傾向にある場合）といい、−1 に近いほど「負の相関関係がある」（一方が増加しているにもかかわらず他方が減少する傾向にある場合）といいます。0 は無相関（正の相関関係も負の相関関係もない）であるといいます。

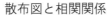

散布図と相関関係

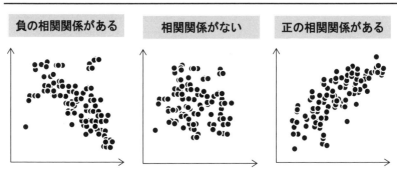

　相関関係は、あくまでもデータ上の関係（厳密には線形的な関係）で、このような関係性が本当にあるのかは分かりませんし、そもそも因果関係ではありません。データからこのような関係が読み取れるということに過ぎません。

　そのため、現場に詳しい人などと一緒に、散布図や相関係数などを眺めながら、どのようなことが言えそうなのかを議論する必要がでてきます。

　議論の結果、現実に起こっている現象がデータに現れたものなのか、因果関係と言っても差し支えないものなのかが、見えてきます。もし、現実世界を反映したものなのであれば、その現実世界の一部をデータで表現できたことになります。

　このように、散布図や相関係数などの 2 つ（もしくは、2 つ以上）のデータの関係性を分析する手法を使い、要因分析を実施します。

　要因分析を実施することで、例えば「○○というアクションをしたら○○という結果になった」とか、「○○が起きると○○という結果になる」とか、因果関係のようなものを考えていきます。

　先ほど相関係数のところでお話ししたように、データだけで行う分析からは因果関係かどうかは分かりません。因果関係どころか、そのような現象が本当に起こっているのかどうか怪しいものです。

　例えば、年収と 50m 走のタイムは正の相関があると言われています。50m 走のタイムが遅いほど年収が高いのです。明らかに違和感があります。実は、年収と年齢が正の相関（年齢が高いほど年収が多い）をしていて、さらに 50m 走と年齢が正の相関（年齢が高いほど 50m 走のタイムが遅い）をしているがために、年収と 50m 走のタイムに正の相関があるのです。

　このようなことはよくあります。データだけからは見えてきません。現場の人なら一発で見破れるケースが多いです。

## 50m 走のタイムが遅いほど年収が高いは本当か？

　ここまで説明したヒストグラムや管理図、散布図を、何気なく作成し使っている方も多いと思います。データそのものの特徴理解のために使ったりします。やっていることは、データをグラフで視覚化し眺めているだけです。

このようにデータを目で見て確かめることは、データ分析の基本となります。実際、単なるグラフでも意図をもって見ることが重要で、想像以上に得られる情報は多いです。

　例えば、手元にあるデータに異常値がないかなとヒストグラムや管理図でデータを眺めたり、ある2つのデータの間に関連性はないだろうかと散布図で眺めたりします。

　異常値があれば、データの入力ミスなのか、それとも異常値が起こるような特別な何かが起こったのかなどを考え、データを整備したり異常の起こった原因を追求したりするきっかけになります。

　また、2つのデータの間に関連性があるのなら、その関係性は本当にあるのか現場に協力を仰ぎ調べたり、その関係性を使い有効な施策を打てるのであれば活用したりすることなどができます。

データ分析の最初にデータの特徴理解のために利用

このような単純なグラフだけで十分なデータ活用が実現することもある

　要するに、高度な分析技術や数理モデル（予測モデルや異常検知モデルなど）ではなく、このような単純なグラフだけで、十分なデータ分析・活用が実現することもあり、あなどれません。実際、簡単なモニタリングや異常検知、要因分析などを実施することが可能です。

## ■　パレート図

　パレート図とは、数値の大きな項目から順番に並べたグラフです。深掘りすべきポイントを把握するために欠かせません。

　パレートの法則（80：20 の法則）という名で有名で、例えば、売上上位 20%商品で全体の売上の 80%を占めるという、一部の商品が売上の大部分を占めるという現象を説明したものです。

　このことから、全体の売上に大きく貢献している商品（つまり売れ筋商品）とそうでない商品が分かります。どの商品を重点的に扱えばよいのかが分かり、データを分析する上での深堀ポイントも見えてきます。

　作り方は簡単で、売上の例で説明します。

　先ず、商品別に売上を計算し、売上の大きい順に商品を並べます。次に、売上の大きい順に並んだ売上の累積売上を順次計算し、全売上に占める割合を計算します。

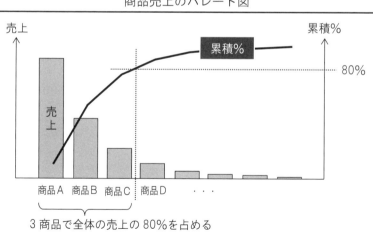

商品売上のパレート図

３商品で全体の売上の 80%を占める

　実際に「80：20」に近しい値になることはありますが、「70：30」や「90：10」など様々です。

## ■ 特性要因図（フィッシュボーンチャート）

　特性要因図（フィッシュボーンチャート）とは特性（結果）と要因（原因）に分けてその関係を図で表したものです。魚の骨に似ているのでフィッシュボーンチャート（魚の骨）などと呼ばれています。

店舗の日販（1日の売上）の特性要因図

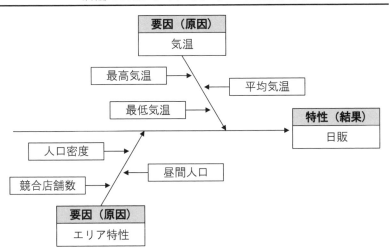

　パレート図と同様に、深堀すべきポイントを把握するために欠かせません。

　例えば、ヒストグラムや管理図、散布図などでデータの特徴を理解し、次にパレート図や特性要因図などで深堀すべきポイントを掴むために使用したりします。

## パレート図や特性要因図などで深堀すべきポイントを掴む

例えば、ヒストグラムや管理図、散布図などでデータの特徴を理解し……

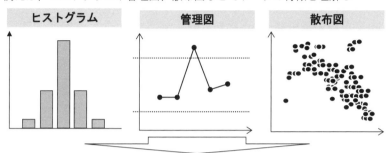

次にパレート図や特性要因図などで深堀すべきポイントを掴み……

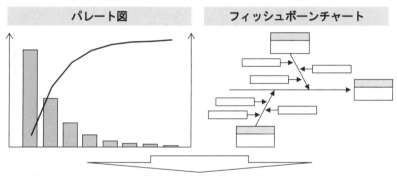

深堀ポイントに対し、例えば、分析の粒度を細かくし、
ヒストグラムや管理図、散布図などで分析をする

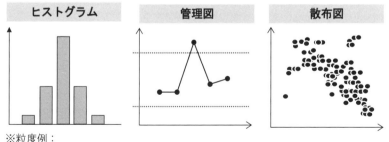

※粒度例：
　時間が、日単位（粒度粗い）→秒単位（粒度細かい）
　商品が、大カテゴリ（粒度粗い）→バーコード（粒度細かい）
　店舗が、都道府県単位（粒度粗い）→個店単位（粒度細かい）
　営業が、本部・部（粒度粗い）→個人（粒度細かい）
　工程が、ライン単位（粒度粗い）→作業単位（粒度細かい）

深堀すべきポイントを把握するという用途での、パレート図と特性要因図の違いは何でしょうか。先ほどのあげた例をもとに簡単に説明します。

　先ほどのパレート図から、少なくとも商品 A は重点的に扱うべき商品ということが分かります。なぜならば、売上が最大で、商品 A が売上に占める割合が大きく、全体の売上への影響が大きいからです。そのため、商品 A をより深く分析した方が良いでしょう。

## 深堀すべきポイントの探り方例

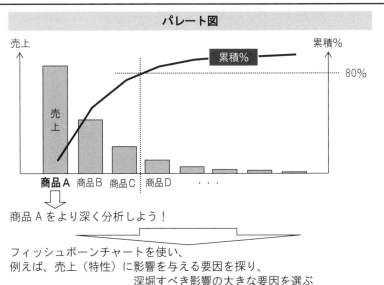

**パレート図**

商品 A をより深く分析しよう！

フィッシュボーンチャートを使い、
例えば、売上（特性）に影響を与える要因を探り、
　　　深堀すべき影響の大きな要因を選ぶ

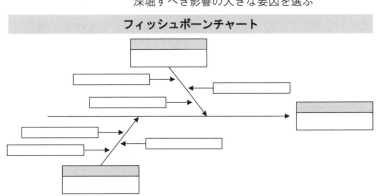

**フィッシュボーンチャート**

　次に、この商品 A の何を分析していけばいいのでしょうか。

　例えば、売上（特性）に影響を与える要因を探り、影響の大きな要因に絞っていくと良いでしょう。

　売上に影響する要因は色々あるため、その要因を洗い出し整理した上で、どの要因に着目すればいいのかが考えていったほうが良さそうです。そのために、特性要因図を描き、データがあれば売上と各要因の関係性を数値化していきます。最も簡単な方法は、売上との相関係数を求めることです。もしくは、線形回帰モデル（単回帰モデル・重回帰モデル）などの数理モデルを使うのもいいでしょう。線形回帰モデル（単回帰モデル・重回帰モデル）などの数理モデルについては、後ほど簡単に説明します。

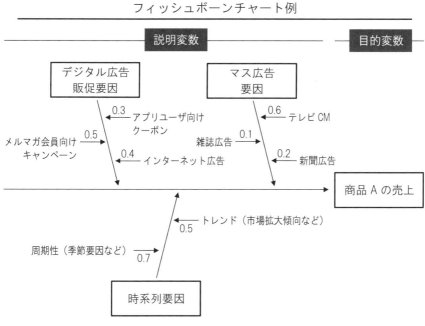

フィッシュボーンチャート例

※数値は、売上に対する影響度
　（データがあれば売上と各要因の関係性を数値化することが可能）

この場合、深堀すべき（重点的に扱うべき）要因は、売上への影響度の大きい周期性（季節要因など）やテレビ CM、メルマガ会員向けキャンペーンなどとなります。このように、通常は複数になります。

　先ほど、特性要因図（フィッシュボーンチャート）の特性と各要因の関係性を数値化するために、線形回帰モデル（単回帰モデル・重回帰モデル）などの数理モデルを使うというお話しをしました。

　第 1 章でもお話ししましたが、この数理モデルそのものを設計する手段（数理モデルの図示化）として、特性要因図（フィッシュボーンチャート）を使うことがあります。この場合、もちろん深堀すべきポイントを把握するという用途ではありません。用途は、異常検知モデルであれば「異常検知」という用途ですし、予測モデルであれば「将来予測」という用途になります。

　予測モデルなどの数理モデルの設計時に、特性要因図（フィッシュボーンチャート）を描くことで、どのようなデータが必要なのかが視覚的に分かります。そして、「既にあるデータ」と「今はないデータ」をマーキングしたりします。このことで、このデータでモデルを構築したときに考慮していない要因は何で、今後整備すべきはどのようなデータなのかが分かります。

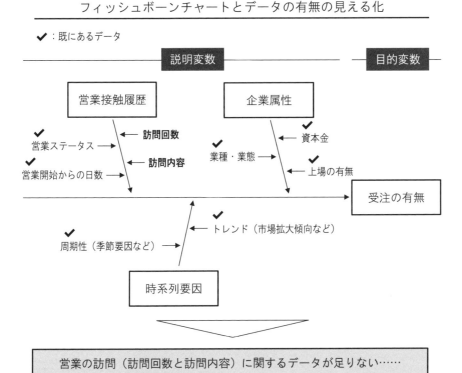

フィッシュボーンチャートとデータの有無の見える化

特性要因図（フィッシュボーンチャート）で数理モデル（予測モデルや異常検知モデルなど）を設計できれば、後はデータを集めモデルを構築するだけです。

　構築した数理モデル（予測モデルや異常検知モデルなど）を使い、将来予測をすることもできますし、異常検知をすることもできます。この数理モデル（予測モデルや異常検知モデルなど）を使い、要因分析をすることもできますし、理想的な Y（例：目標売上など）になるための X（例：施策の組み合わせなど）を検討しレコメンドに活用することもできます。

このように、特性要因図（フィッシュボーンチャート）は非常に使い勝手のいいものです。

この特性要因図（フィッシュボーンチャート）を手書きで描くのは大変なので、色々なツールがあります。ツリーのツールもあります。例えば、XMind（http://jp.xmind.net/）というツールです。特性要因図（フィッシュボーンチャート）以外にも、後ほど説明する「系統図法（ロジックツリー）」などを描く機能もあります。無料で使えます。

# 4-2. 実はみんな使っている新 QC 7 つ道具

## ■ 新 QC 7 つ道具とは？

新 QC 7 つ道具は、QC 7 つ道具と同様に品質管理で利用されている分析手法です。

QC 7 つ道具は主に製造現場向けですが、新 QC 7 つ道具は営業部門や企画部門なども対象範囲を広げたものです。

営業部門や企画部門などでは、数値化のしにくい定性的な情報（例：テキストや頭の中にあるアイデア、エライ人の考え、現場の雰囲気など）を扱うことが多いため、どちらかというと定性データの分析に向いています。

QC 7 つ道具と同様に、統計の専門家でもデータ分析の専門家でもない現場の人が使っています。

ここでは、次の 3 つの道具について簡単に説明します。新 QC 7 つ道具とは認識せずに、普通にビジネスの現場で使っている人も多いことでしょう。

## 新 QC 7 つ道具

- 親和図法
- 系統図法　　　　　　　　　説明する 3 つの道具
- マトリックス解析法
- 連関図法
- マトリックス図法
- アローダイアグラム法
- PDPC 法

## ■　親和図法（KJ 法）

　親和図法は、KJ 法とも言われ、よくブレインストーミングで利用します。

　ブレインストーミングとは、日本語では集団発想法とも呼ばれ、集団で発想を誘発し合い、たくさんのアイデアを出す会議方式の 1 つです。そこで出されたたくさんのアイデアをまとめるのが KJ 法になります。

　ブレインストーミングの際に、次の 4 原則を守ることで、たくさんのアイデアが抽出されます。

- 結論厳禁：
  アイデアの批判、実現性、良し悪しなどの評価をし、アイデアに対し何かしら結論付けをすることで、他のアイデアを出にくくしてはならない
- 自由奔放：
  誰もが思いつくようなアイデアでも、奇妙なアイデアでも、くだらないと一蹴されそうなアイデアでも、他人を気にせず思いついたことをどんどん言う

- ● 質より量：

  素晴らしいアイデアを出そうと思わず、とにかくアイデアの量を増や
  すことを重視する
- ● 結合改善：

  他人のアイデアに便乗しちょっとずらしたアイデアでも、他人のアイ
  デアをくっつけて新しいアイデアを作っても構わない

KJ 法そのもののやり方は非常に簡単で、「発散→集約→要約」という
流れになります。「発散」が今説明したアイデアをたくさん出すブレイン
ストーミングに該当します。「集約」で似たようなアイデアをグループ分
けし、「要約」でそのグループに対し名前を付けします。この要約された
ものが親和図法の成果物となります。

## 親和図法のイメージ

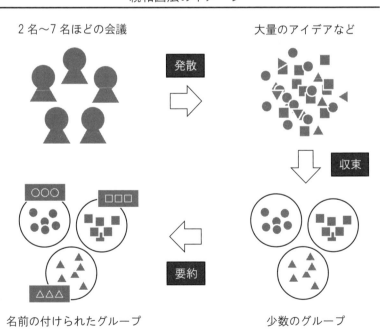

2名～7名ほどの会議　　　　　大量のアイデアなど

発散

収束

要約

名前の付けられたグループ　　　　少数のグループ

KJ法の利用場面は、意外と多いことでしょう。

例えば……

● データ分析・活用のテーマのもととなる問題（お困りごと）を、洗い出してまとめたり

● モニタリングや異常検知などの結果から、何が起こっているか思いつく限りを洗い出し、現状を整理したり

● 要因分析などの結果から、どのような対策を打つのが良さそうか、アイデアを抽出しまとめたり

● 異常検知や要因分析などのデータ分析の結果から、今後どういうことになりそうかを考えるのに利用したり

● 将来予測やレコメンドなどの結果から、今度どうすべきかを解決策をまとめたり

● その解決策を実施することで、どうなりそうなのかを考えまとめたり

……するのに利用します。

やり方は非常に簡単ですが、非常に頭と時間を使うため、まとまった時間で集中してやることをお薦めします。

## ■ 系統図法（ロジックツリー）

　系統図法は、ロジックツリーとも呼ばれる分析手法の1つです。先ほど説明した親和図などの次に使うことが多いです。

　例えば、親和図法で問題の洗い出しを行った後や、管理図法などでモニタリングをした結果出てきた問題（例：昨年に比べ売上悪化）に対し、その問題の要因（原因）を探っていくときに使ったりします。「問題の要因を掘り下げる系統図法」です。

　モニタリングの結果「昨年に比べ売上悪化」が分かったとします。そこで、「なぜ、そうなるのか？」と問います。昨年に比べ売上悪化したのは「集客力が弱くなったからだ」とか、「販売力が弱くなったからだ」とか、「商品力が弱くなったからだ」とか、「昨年に比べ売上悪化」という問題の要因（原因）を考えていきます。

　次に、今あげた問題の要因（原因）を、問題と捉え深掘りしていきます。例えば、「集客力が弱くなった」という問題に対し、「なぜ、そうなるのか？」と問います。集客力が弱くなったのは「顧客への訪問回数が減少したからだ」とか、「イベント出店効率が悪化したからだ」とか、「集客力が弱くなった」という問題の要因（原因）を考えていきます。

　このように、どんどん問題を掘り下げていきます。可能であれば、データで確認できるレベルまで掘り下げます。例えば、「顧客への訪問回数が減少したからだ」ということは、データさえあれば確認できそうです。データで確認できれば、その要因がその問題の原因だったのかが判断できます。そのようなデータが無い場合は、現場へヒアリングすることになります。

## 問題の要因を掘り下げる系統図法

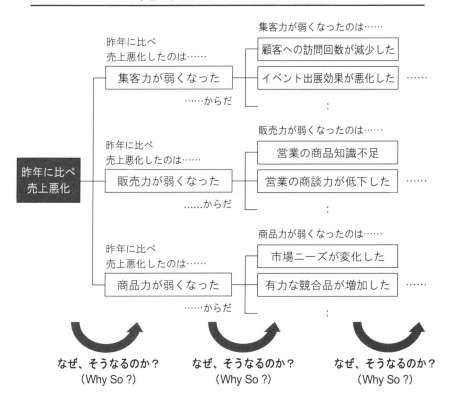

他には、「解決策を具体化する系統図法」というものがあります。問題の要因を掘り下げた後、その要因に対しその解決策を案出するのに使ったりします。具体的なアクションが見えるまで、掘り下げます。

4章・データ分析の道具箱

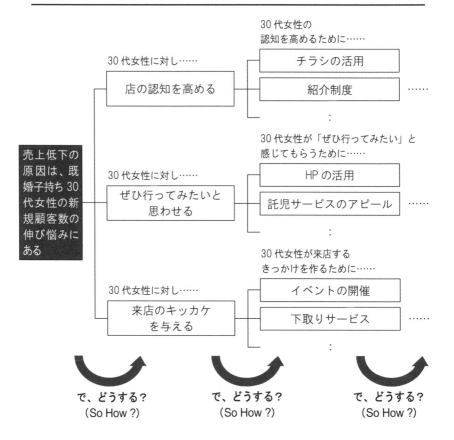

系統図法は非常に使い勝手がいいため、他にも色々な使い方があります。興味のある方は、ロジカルシンキング系の書籍などを参考にして頂ければと思います。

## ■　マトリックスデータ解析法と多変量解析

　マトリクスデータ解析法は、他の QC 7 つ道具や新 QC 7 つ道具と異なり、分析ツールを使ったほうがいいでしょう。

　扱うデータは、次のような Excel などのスプレッドシートを彷彿とさせるようなデータで、通常はデータセットと呼ばれます。伝統的には、多変量解析などの統計モデルを使い分析を進めます。

### データセット例（500 ペットボトル飲料商品購買本数）

| 購入者 ID | ポカリ | ダカラ | アクエ | ゲータ | ········ |
|---|---|---|---|---|---|
| 1012872 | 12 | 9 | 0 | 23 | |
| 8172651 | 2 | 0 | 9 | 0 | |
| 2986423 | 3 | 3 | 21 | 2 | |
| 0197472 | 0 | 5 | 1 | 0 | |
| 1852854 | 2 | 8 | 3 | 6 | |
| 8642012 | 3 | 0 | 8 | 0 | |
| 2963175 | 0 | 0 | 23 | 2 | |

　伝統的な多変量解析の分析手法だけでも、例えば次にようにたくさんあります。

- 単回帰分析/重回帰分析
- 判別分析
- ロジスティック回帰分析（2項/多項/順序）
- プロビット回帰分析
- 正準相関分析
- 主成分分析
- 回帰分析
- クラスター分析
- 多次元尺度構成法
- コレスポンデンス分析
- 多段層別分析
- 数量化1類/2類/3類/4類
- パス解析
- グラフィカルモデリング
- 共分散構造分析
- など

　実務でデータ分析・活用を考えるとき、ニューラルネットワーク系のディープラーニングや、決定木（ディシジョンツリー）系の XGBoost など比較的新しい手法を使うのもいいですが、伝統的な多変量解析で数理モデル（予測モデルや異常検知モデルなど）を構築してもいいでしょう。

　理由は、比較的分かりやすく、教科書や参考になる情報も多く、適応事例や実務上の実績もあるからです。

　数理モデル（予測モデルや異常検知モデルなど）の厄介なところは、新しい手法の方が素晴らしい結果を出すかと言うと、そうでもないところです。

　実務で売上などの数値を予測する数理モデルの場合、ディープラーニングや XGBoost などで苦労して構築した予測モデルが、昔からある多変量解析の重回帰分析で構築した予測モデルに精度で劣る、という現象を何度

か目の当たりにしています。予測精度で勝っても、それほどでもない場合も多々あります。

　実務上は、伝統的な多変量解析で十分なケースが多いです。先ずは分かりやすい多変量解析の分析手法を使い数理モデル（予測モデルや異常検知モデルなど）を構築し、その限界を発展的に突破するために比較的新しいニューラルネットワーク系のディープラーニングや、決定木（ディシジョンツリー）系の XGBoost などで予測モデルを構築するといいでしょう。

　とは言え、先ほどあげたように、多変量解析の分析手法だけでもたくさんあります。

　ここでは、使用頻度の高い5つの数理モデルについて説明します。その前に、数理モデルで利用するデータについて簡単に触れたいと思います。

# 4-3. 数理モデルで利用するデータのキソ

## ■　テキストや画像、音声なども数値化される

　2012年ごろからビッグデータという言葉を聞くにようになりました。

　データ量は増加し、その発生スピードはどんどん加速、そしてデータの多様化が高まり、データの流通するスピードが劇的に加速しています。

　その大きな要因の一つがデジタル化です。身近なところだと、PC やスマホなどです。それらの情報端末を通じてインターネットに接続しアプリを使えば使うほど、データは発生し流通します。他には IoT（モノのインターネット）の拡大です。例えば、工場などで発生するデータ量と種類が劇的に増えた印象があります。

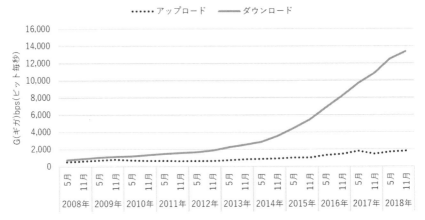

日本のデータ流通量（ブロードバンドサービス契約者の総トラヒック）

出典：総務省「我が国のインターネットにおけるトラヒックの集計・試算（2019年3月5日）」を一部改編

　そのデータには、一見すると数値に見えないテキストや画像、音声などのデータも含まれています。テキストや画像、音声などのデータは、そのまま扱うわけではありません。通常は、数値データにして扱います。

　例えば、テキストや画像、音声などは、標本化・量子化などの処理を経て数字の羅列に変換してから扱います。

## 画像も音も数字の羅列になる

定量データと定性データ

ここでは、データの種類を説明します。

データの種類の考え方には色々あります。詳しくは説明しませんが、伝統的には名義尺度・順序尺度・間隔尺度・比尺度というものがあります。また、先ほど説明したような数値・テキスト・画像・音声などの分け方もあります。

ここでは、数値化された後のデータの種類の説明をします。

非常にざっくりしたものですが、大きくは次の2種類にデータは分かれます。

● 定量データ（ニューメリカルデータ）
● 定性データ（カテゴリカルデータ）

215

定量データ（ニューメリカルデータ）とは、次のような量として表現されるデータです。

- 気温、湿度、雨量
- 身長、体重、BMI
- 売上金額、受注件数、来店者数
- 出稿金額、製作費
- 人件費、研修費、交通費
- 接触回数、訪問回数、説明回数
- 受注率、離反率、LTV（顧客生涯価値）、契約期間

など

　定性データ（カテゴリカルデータ）とは、次のような質的なものを数字化したデータです。

- 性別（1：男性、2：女性）
- エリア（1：北海道、2：青森、・・・）
- 購入意向（1：非常に買いたい、2：買いたい、・・・）
- 受注の有無（1：受注、0：失注）
- 顧客ランク（1：トライアル、2：レギュラー、3：ロイヤル）

など

　「質的なものを数字化する」とは、例えば「男性を 1」「女性を 2」という感じに、数字を割り振るということです。そのため「男性を 2」「女性を 1」と割り振っても問題ありません。

　最低限、定量データ（ニューメリカルデータ）と定性データ（カテゴリカルデータ）さえ覚えておけば良いかと思いますが、もう少し分けることもできます。

## ■　２種類の定量データ（ニューメリカルデータ）

　定量データ（ニューメリカルデータ）を、次の２種類にデータは分けることができます。

- 非カウントデータ
- カウントデータ

　カウントデータとは、１つ２つ３つとカウントするデータで、多くの場合、非負の整数値（0、1、2、3、…）の値をとります。

　例えば、訪問件数や受注件数、故障台数などです。受注件数が「4.2件」と小数点が付くことはありませんし、受注件数が「−3件」と負の値になることはありません。訪問件数はあくまでも、1件、2件、3件、4件、…非負の整数の値をとります。

　では、売上や受注金額などはどうでしょうか。

　厳密にはカウントデータです。非負の整数値（0円、1円、2円、3円、…）の値をとるからです。

　売上や受注金額などは、通常0円、1円、2円、3円などの小さな値になることはありません。数千円、数万円、数億円と大きな値になるケースがほとんどです。このような場合、非カウントデータとして扱うことができます。

　なぜ扱うことができるのか、気になるところですが、統計学的な議論が必要になるため、ここではこの説明は省略します。

　ちなみに、データ分析がしやすいのは、非カウントデータの方です。そのため、あえて、カウントデータを非カウントデータとしてデータ分析することはあります。また、この違いをあまり意識せず、分析されている方も少なくありません。

## ■ 2種類の定性データ（カテゴリカルデータ）

定性データ（カテゴリカルデータ）を、次の2種類にデータは分けることができます。

- 非順序データ
- 順序データ

割り振った数字に順序性があるかどうか、ということです。

例えば「男性を 1」「女性を 2」と割り振った場合、この「1」と「2」には順序性はありません。ただ割り振っただけだからです。

しかし、既存顧客をランク分けした「トライアルユーザを 1」「レギュラーユーザを 2」「ロイヤルユーザを 3」という割り振りは、数字の大小に意味があります。

数字の割り振りをしたとき、数字の大小に意味がある場合、そのデータは順序データです。

## ■ 最初にすべきはデータセットを作ること！

データを集計したり、分析したり、予測モデルなどの数理モデルを構築するとき、通常は定量データと定性データが混在している「データセット」というものを使います。

## データセットのイメージ

通常は、定量データと定性データが混在している

変数（列）

| 顧客ID | 日付 | 対象商材 | 問合経路 | 営業開始日 | 営業ステータス | イベント参加の有無 | 受注の有無 | 受注金額 | 単価 | 点数 | 他商材の受注金額 | 顧客ランク | 業種 | 資本金 | 担当営業 |
|---|---|---|---|---|---|---|---|---|---|---|---|---|---|---|---|
| | | | | | | | | | | | | | | | |
| | | | | | | | | | | | | | | | |
| | | | | | | | | | | | | | | | |
| | | | | | | | | | | | | | | | |
| | | | | | | | | | | | | | | | |
| | | | | | | | | | | | | | | | |
| | | | | | | | | | | | | | | | |
| | | | | | | | | | | | | | | | |

ケース（行）

　そのため、「データ分析をするぞ！」となったとき、最初にすべきはこのデータセットを作ることから始まります。

　このデータセットにも種類があり、種類の分け方にも色々あります。ここでは、「時間という概念をどう扱うか」で説明します。

　「時間という概念を入れるかどうか」で、2つに分かれます。

● クロスセクションデータ（時間概念無視も含む）
● タイムシリーズデータ（時系列データ）

　例えば、クロスセクションデータとは「2017 年 3 月」のデータだけ切り取り時間という概念を無くしたデータセットです。さらに、「2017 年 1 月から 12 月まで」のデータの時間的概念を無くしたデータも、ある種のクロスセクションデータです。この場合「2017 年」のデータだけを切り取ったデータセットと考えられます。

　一方、タイムシリーズデータ（時系列データ）とは、「時間」という概念が付いた状態のデータセットです。

## クロスセクションデータとタイムシリーズデータ

| | 2017年1月 | 2017年2月 | 2017年3月 | 2017年4月 | 2017年5月 | ‥‥‥ |
|---|---|---|---|---|---|---|
| 受注金額 | | | | | | |
| 受注件数 | | | | | | **タイムシリーズ** |
| 提案件数 | | | | | | |
| 訪問件数 | | | | | | |
| リード数 | | | | | | |

**クロスセクション**

　さらに、パネルデータと呼ばれるデータセットがあります。既存顧客ごとの取引履歴データや、小売店などの ID 付き POS データ、CRM データなどです。

　パネルデータは、単に時間的概念だけでなく、過去の個体（例：個人や店舗、企業など）の履歴（今までどうだったのか）という概念が付いたデータセットとも言えます。

　例えば、「2017 年 1 月」「2017 年 2 月」などの時間的概念だけでなく、「営業開始 0 ヵ月目」「1 ヵ月目」という概念をもったデータで、「営業開始 1 ヵ月目」にどのような営業・販促したのかといった履歴という概念が考慮されます。

パネルデータ

| 営業開始 | 2017年1月 | 2017年2月 | 2017年3月 | 2017年4月 | 2017年5月 | ……… |
|---|---|---|---|---|---|---|
| 0ヵ月<br>（案件登録日） | 4ヵ月前の<br>A社 | | | | | |
| 1ヵ月 | | 3ヵ月前の<br>A社 | | | | |
| 2ヵ月 | | | 2ヵ月前の<br>A社 | | | |
| 3ヵ月 | | | | 1ヵ月前の<br>A社 | | |
| 4ヵ月 | | | | | 現在の<br>A社 | |

パネルデータ

## ■ データセットの作り方で予測モデルはどう変わる？

今、手元に CRM データがあるとします。このデータから、リード（見込み顧客）の新規受注までの、「リードの状況」と「営業パーソンの動き」が追えるとします。

通常は、CRM データをそのまま使えません。データ分析するためには、そのためのデータセットを作る必要があります。

ここで、次の3つのデータセットを作ったとします。

● 時間概念を取り払ったデータセット（クロスセクションデータ）
● 時間概念が付いたデータセット（タイムシリーズデータ）
● 時間概念と履歴が付いたデータセット（パネルデータ）

先ずは、「時間概念を取り払ったデータセット」です。

このデータセットで受注予測モデルを構築した場合、次のようになります。

「時間概念を取り払ったデータセット」で構築した受注予測モデル例

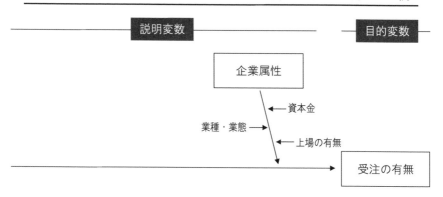

時間的概念がないため季節要因などの周期性などがモデルに組み込まれていません。そのため、多くの場合、企業属性などの時間的概念に大きく左右されないデータを使い、モデルを構築することになります。

現実は、この例ほどシンプルではないかもしれませんが、似たようなものになることでしょう。

このようなモデルが悪いというわけではありません。このぐらいシンプルなモデルで、それなりの予測精度になれば、それに越したことはありません。さらに、このモデルを構築する過程で、色々なことが分かってきます。

例えば、受注しやすいリード（見込み顧客）は、どのような企業属性なのかが見えてきたりします。リード（見込み顧客）のターゲット選定に利用できたりします。

　次に、「時間概念が付いたデータセット」です。

　このデータセットで受注予測モデルを構築した場合、次のようになります。

「時間概念が付いたデータセット」で構築した受注予測モデル例

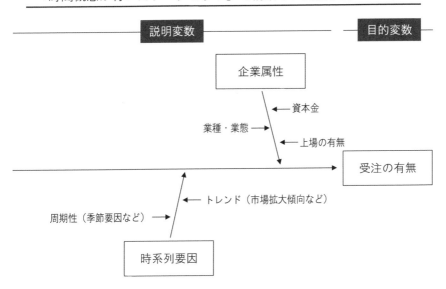

　季節要因などの周期性や、市場が拡大しているのかどうかを示すトレンドなど、時系列要因が組み込まれた予測モデルになります。

　「時間概念を取り払ったデータセット」で構築した予測モデルに比べると、良さそうに見えます。しかし、ややモデル構築が難しくなります。時系列解析という統計学が必要になります。時系列解析は、基礎的な統計学（多変量解析を含む）に比べ、やや難しくなります。苦手意識を持つ方も少なくありません。

　詳しくは説明しませんが、ARIMA モデルや状態空間モデルなどの時系列解析用の数理モデルを通常は活用することになります。「手に負えない！」と思われた方もいるかもしれませんが、実は創意工夫によって、時

系列解析用の数理モデルを使わずに、時系列要因を表現し数理モデルを構築することもできます。しかし、データセットの作り方で若干工夫が必要になります。

最後に、「時間概念と履歴が付いたデータセット」です。

このデータセットで受注予測モデルを構築した場合、次のようになります。

「時間概念と履歴が付いたデータセット」で構築した受注予測モデル例

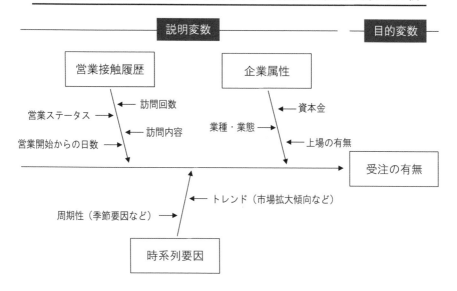

この例では、「営業接触履歴」を付け加えています。他の 2 つの予測モデルに比べ、大分良さそうに見えます。

しかし、3 つのデータセットの中で、一番難しいのがこの「時間概念と履歴が付いたデータセット」で、予測モデルを構築することです。このデータは、CRM データというパネルデータから作った、データ分析用のパネルデータです。

要は、パネルデータをパネルデータとして分析するのが一番難しいのです。

　データ分析の経験が浅い場合、いきなりパネルデータをパネルデータとして分析していくと、分けが分からなくなります。そもそも、CRM データというパネルデータから、どのようにデータ分析用のパネルデータを作ればいいのかも分からないと思います。

　そのため、最初は時間的概念を取り払ったデータセットを作り分析し、次に時間的概念を付与したデータセットを作り分析し、そしてパネルデータとして分析していった方がいいでしょう。

# 4-4. 最低限覚えておきたい5つの数理モデル

## ■　3つの回帰モデルと2つのデータ集約手法

　ここでは使用頻度の比較的高いと思われる、多変量解析の5つの数理モデルについて簡単に説明します。

- 線形回帰モデル（単回帰/重回帰）
- ポアソン回帰モデル
- ロジスティック回帰モデル
- 主成分分析
- クラスタ分析

　上から3つ目までの「線形回帰モデル」「ポアソン回帰モデル」「ロジスティック回帰モデル」は、「〇〇回帰モデル」と呼ばれるもので、「目的変数 Y」と「説明変数 X」で構成される数理モデルです。線形回帰モデルは、説明変数 X が1つのとき単回帰モデル、2つ以上のとき重回帰モデルと呼ばれます。「〇〇回帰モデル」と呼ばれるものは、他にもありますが、使用頻度の高いのはこの3つです。

　この3つの違いは、目的変数 Y がどのようなデータなのか、によります。通常は、次にようになります。

- 目的変数 Y が定量データ（非カウント）→線形回帰モデル
- 目的変数 Y が定量データ（カウント）→ポアソン回帰モデル
- 目的変数 Y が定性データ（2 値）→ロジスティック回帰モデル

よく使う回帰型のモデル

| | 目的変数 Y | | |
| --- | --- | --- | --- |
| | 目的変数<br>のタイプ | 目的変数に<br>仮定される分布 | 例 |
| 線形回帰モデル | 定量データ<br>（非カウント） | 正規分布 | 売上や受注金額など |
| ポアソン回帰モデル | 定量データ<br>（カウント） | ポアソン分布 | 1 件、2 件、3 件とカウントされる受注件数や故障件数など |
| ロジスティック<br>回帰モデル | 定性データ<br>（2 値） | ベルヌーイ分布 | 「1（受注）」と「0（失注）」のように 2 つの値しかとらない受注の有無など |

　先ほど説明しましたが、定量データ（カウント）は、1 つ 2 つ 3 つとカウントするデータで、非負の整数値（0、1、2、3、…）の値をとります。例えば、訪問件数や受注件数、故障台数などです。

　定量データ（非カウント）は、カウントデータではない定量データで、負の値をとることもありますし、小数点が付く場合もあります。例えば、気温や体重などです。

　このとき、受注金額などの値の大きなカウントデータは、非カウントデータとして扱うことができます。値が大きいとは、単純に大きな数値という意味です。例えば、0 円、1 円、2 円、…ではなく、1,000 円、10,000 円、100,000 円…ということです。

　定性データ（2 値）は、2 つのカテゴリ（例：受注と失注、継続と離反、など）を持つデータです。2 値データと呼んだりします。例えば、「受注の有無」や「離反の有無」などです。このときデータは、「1：受注、0：

失注」、「1：離反、0：継続」などと数字を割り振ります。

　また、「目的変数 Y」を「受注の有無」と表現したり、「1：受注、0：失注」と表現したり、簡単に「受注率」と表現したりします。

　ちなみに、「目的変数 Y」が「受注の有無」のロジスティック回帰モデルで出力されるのは「受注率」になり、受注率が 0.5 より大きいと予測されたとき「受注」と予測する、といった使い方をします。

　主成分分析とクラスタ分析は、データを集約（もしくは、グルーピング）する分析技術の1つです。

## データを集約（もしくは、グルーピング）する分析技術

違いは、主成分分析は変数（データセットの列）を集約（もしくは、グルーピング）することで次元縮約（例：1,000 変数を 10 変数にまとめる）するのに対し、クラスタ分析はケース（データセットの行）を集約（もしくは、グルーピング）することで似たようなケースをクラスタ化（同じようなのが集まっている状態）します。この場合のケースとは、個体（例：個人や店舗、企業など）です。

　ちなみに、主成分分析で作られた新たな変数を、「主成分」と呼びます。クラスタ分析で作られたグループを、「クラスタ」もしくは「クラス」と呼びます。

　線形回帰モデルやポアソン回帰モデル、ロジスティック回帰モデルなどの「○○回帰モデル」と呼ばれるものは、多くの場合、意思決定をサポートするのにそのまま使えます。

　例えば、売上を目的変数とする線形回帰モデルを構築すれば、売上の異常を検知することができます。受注件数を目的変数とするポアソン回帰モデルを構築すれば、受注件数が伸び悩んだときに、その要因を分析することに使えます。受注の有無を目的変数とするロジスティック回帰モデルを構築すれば、リード（見込み顧客）の受注確率を予測することができます。

　一方で、主成分分析やクラスタ分析は、単体で意思決定に役立つというよりも、仮説発見（どちらかというと、仮説創造）のためや、「○○回帰モデル」の前に実施する「前処理」として、実施することが多いようです。

## ■　主成分分析とクラスタ分析の活用例

　最近のビッグデータ化により、データセットが 2 方向に延びました。「横方向の伸び」（変数の数が増える）と「縦方向に伸び」（ケースの数が増える）です。

### ビッグデータ化の影響でデータセットの列と行が急激に増えた

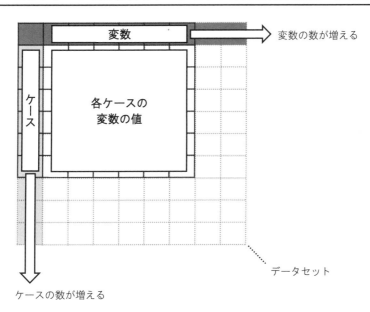

変数の数が増える

各ケースの
変数の値

変数

ケース

データセット

ケースの数が増える

　変数の数が急増し、数百変数や数千変数ではなく、場合によっては数万変数や数億変数という状況に陥ることもあります。

　このようなとき、主成分分析を実施することで、データの持つ情報量をできるだけ失うことなく、「少数の変数」に減らすことができます。その「少数の変数」は「主成分」と呼ばれ、主成分分析によって作られた「新しい変数」です。数理モデルを構築するときに、この新しく作られた変数でモデルを構築します。

ちなみに、主成分そのものが、どういった変数なのかは、人の頭で考える必要があります。例えば、元の変数と主成分の関係性（例：相関係数）などから考えていくことが多いです。

　主成分分析は使い勝手のいいので、他にも色々な前処理で利用したり、他の分析手法と組み合わせて利用したりします。

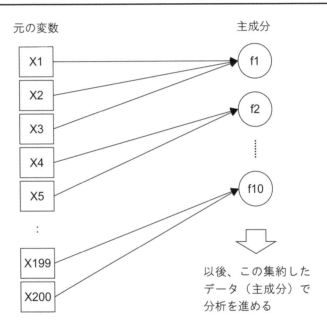

新たな変数「主成分」で変数を集約する

　例えば、主成分分析後に「主成分」でクラスタ分析を実施し、似たような主成分を持つケースをグルーピングしたりします。

## 主成分分析後にクラスタ分析することはよくある

　クラスタ分析の中の「最大の分析」（最も頭を使う）が、「なぜ、そのようなグルーピングがなされたのか？　各クラスタにはどのような特徴があるのか？」を考えるプロファイリングです。クラスタ別にデータを集計し比較したり、「○○回帰モデル」を構築したりすることで、各クラスタの特徴を把握していきます。そうして、仮説発見（どちらかというと、仮説創造）をしていきます。

　主成分分析やクラスタ分析を実施したからといって、「これが仮説です」という感じで教えてくれることはありません。人の頭を使い仮説を考えていきます。

　そして、クラスタ分析の結果を、新たな説明変数 X にしたり、新たな媒介変数 Z にすることも多く、そのことで構築した数理モデルの精度が

4・データ分析の道具箱

向上したり、説明しやすくなったりします。

　最後に、意思決定をサポートするのにそのまま使いやすい、線形回帰モデルやポアソン回帰モデル、ロジスティック回帰モデルの、数理モデルの構築事例をいくつか紹介します。どのようなデータで、どのようなフィッシュボーンチャートを作り、どのような数理モデルを構築したのかを簡単に説明します。

## ■　線形回帰モデルで、売上をモデル化しよう！

　ある小売店です。

　目的変数 Y として、次の 3 つのデータがありました。

- ● 日販（1 日の売上）
- ● 客数（レシート枚数）
- ● 客単価（各レシートの合計金額）

　それを説明する要因である説明変数 X として次の 4 つのデータがありました。

- ● 平均気温
- ● 降雨量
- ● 値引率
- ● チラシ配布量（有効日ベース）

　このときのデータセットは次のようになっています。

## 某小売店のデータセット

| | A | B | C | D | E | F | G | H | I | J |
|---|---|---|---|---|---|---|---|---|---|---|
| 1 | date | day_of_the_week | holiday | y1 | y21 | y22 | x1 | x2 | x3 | x4 |
| 2 | 2016/6/6 | Mon | 0 | 851724 | 177 | 4812 | 18.3 | 0 | 0.006 | 0 |
| 3 | 2016/6/7 | Tue | 0 | 805732 | 164 | 4913 | 19.8 | 0.9 | 0.002 | 0 |
| 4 | 2016/6/8 | Wed | 0 | 849102 | 141 | 6022 | 22.8 | 0.5 | 0.002 | 0 |
| 5 | 2016/6/9 | Thu | 0 | 721729 | 157 | 4597 | 23.1 | 7 | 0.005 | 0 |
| 6 | 2016/6/10 | Fri | 0 | 659482 | 146 | 4517 | 22.2 | 0 | 0.003 | 0 |
| 7 | 2016/6/11 | Sat | 1 | 4809432 | 636 | 7562 | 22.1 | 0 | 0.287 | 30000 |
| 8 | 2016/6/12 | Sun | 1 | 5007490 | 610 | 8209 | 22.1 | 0 | 0.257 | 30000 |
| 9 | 2016/6/13 | Mon | 0 | 222950 | 50 | 4459 | 18.8 | 79.8 | 0.004 | 0 |
| 10 | 2016/6/14 | Tue | 0 | 988364 | 166 | 5954 | 22.9 | 0 | 0.004 | 0 |
| 11 | 2016/6/15 | Wed | 0 | 708000 | 160 | 4425 | 19.3 | 0 | 0.003 | 0 |
| 12 | 2016/6/16 | Thu | 0 | 829008 | 144 | 5757 | 23.5 | 7.2 | 0.002 | 0 |
| 13 | 2016/6/17 | Fri | 0 | 532295 | 145 | 3671 | 22.9 | 0.9 | 0.004 | 0 |

| 変数名 | 説明 |
|---|---|
| date | 年/月/日 |
| day_of_the_week | 曜日 |
| holiday | 1：休日　0：平日 |
| y1 | 日販 |
| y21 | 客数（レシート枚数） |
| y22 | 客単価 |
| x1 | 平均気温 |
| x2 | 降雨量 |
| x3 | 値引率 |
| x4 | チラシ配布量（有効日ベース） |

　目的変数Yが3つあるため、フィッシュボーンチャートを3つ作ります。次のようになります。

4章・データ分析の道具箱

233

## 某小売店のフィッシュボーンチャート

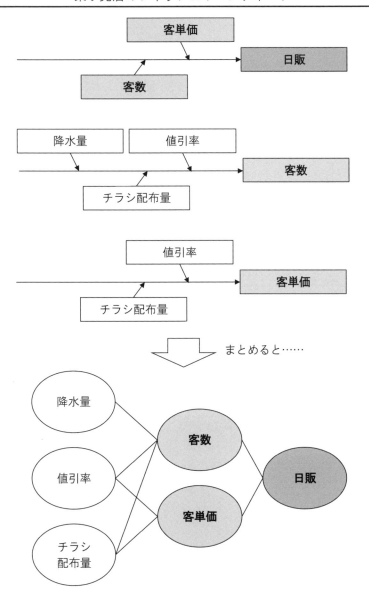

まとめると……

　「日販＝客単価×客数」のため、線形回帰モデルで考えるのは、目的変数 Y が「客単価」のものと、目的変数 Y が「客数」の 2 つです。

　フィッシュボーンチャートに乗せている説明変数 X は、各目的変数 Y と関係性のあったものだけです。データを分析した結果、平均気温は客数にも客単価にも大きく影響していないため、フィッシュボーンチャートから除外しています。また、降雨量と客単価に関係性が見られなかったため、客単価を目的変数にしたフィッシュボーンチャートから降雨量を除外しています。

　この小売店では、主に要因分析と将来予測、レコメンド（シミュレーションによる試行錯誤）で、このモデルを利用しています。

　ちなみに、この小売店は数千店舗ほどあり、店舗ごとに数理モデルを構築し運用されています。実際の説明変数 X は 4 つではなく、数千変数ほどあります。例えば、立地情報（例：国政調査などの人口データなど）や季節性（例：月変動や週変動など）、カレンダー情報（例：平日、祝日、正月、お盆、クリスマスなど）などもデータ化し変数として組み込みこんでいます。

　数理モデルも単純な線形回帰モデルではなく、Ridge 回帰モデルというもの利用しています。詳しくは説明しませんが、線形回帰モデルと同じようなものが出力されます。ここでは、Ridge 回帰モデルについては、これ以上言及しません。興味のある方は、他の書籍を参考にして頂ければと思います。

## ■　ポアソン回帰モデルで、受注件数をモデル化しよう！

　法人相手（B to B）にビジネスしている某 IT 系企業です。
　目的変数 Y は、ある営業部署のある商材の受注件数（月あたり）のデータです。

　●受注件数（月あたり）

それを説明する要因である説明変数 X として、次の 4 つのデータがありました。

- 営業課員数（月初）
- 見込み顧客数（月初）
- 平均受注金額
- 四半期末月（1：yes，0：No）

このときのデータセットは次のようになります。

## 某 IT 系企業のデータセット

| | A | B | C | D | E | F | G |
|---|---|---|---|---|---|---|---|
| 1 | year | month | y | x1 | x2 | x3 | x4 |
| 2 | 2014 | 1 | 5 | 12 | 84 | 887 | 0 |
| 3 | 2014 | 2 | 8 | 11 | 63 | 1170 | 0 |
| 4 | 2014 | 3 | 13 | 12 | 81 | 563 | 1 |
| 5 | 2014 | 4 | 5 | 10 | 46 | 1070 | 0 |
| 6 | 2014 | 5 | 10 | 12 | 79 | 965 | 0 |
| 7 | 2014 | 6 | 18 | 12 | 84 | 459 | 1 |
| 8 | 2014 | 7 | 5 | 11 | 72 | 1126 | 0 |
| 9 | 2014 | 8 | 7 | 12 | 89 | 1126 | 0 |
| 10 | 2014 | 9 | 20 | 15 | 97 | 715 | 1 |
| 11 | 2014 | 10 | 5 | 11 | 82 | 914 | 0 |
| 12 | 2014 | 11 | 10 | 10 | 57 | 955 | 0 |

| 変数名 | 意味 |
|---|---|
| year | 年 |
| month | 月 |
| y | 受注件数 |
| x1 | 営業課員数（月初） |
| x2 | 見込み顧客数（月初） |
| x3 | 平均受注金額 |
| x4 | 四半期末月（1：yes，0：No） |

フィッシュボーンチャートは次にようになりました。

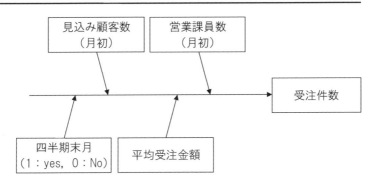

某 IT 系企業の受注件数のフィッシュボーンチャート

この IT 系企業では、主に異常検知と要因分析、将来予測で、このモデルを利用しています。主に、「振り返り」（PDCA サイクルで言うところの C の Check）です。

この「振り返り」は月ごとに実施され、分析結果から明らかになった課題に対し、どうすべきか対策が協議されます。

例えば、受注件数が徐々に減ってきたとします。その減少要因を調べたら、見込み顧客数が減少していることが分かりました。「さぁ、見込み顧客数が少ないので増やそう！」ということで、「自社開催イベントを計画しよう」という対策が協議されます。

これとは別に、見込み顧客に対する絞り込みなどが実施されていました。次の事例になります。

## ■　ロジスティック回帰モデルで、受注の有無とその後をモデル化しよう！

前の事例でお話しした、法人相手（B to B）にビジネスしている某 IT 系企業です。

先ほどの事例は受注件数で、月ごとに「振り返り」のための数理モデルでした。この事例は、「どのリード（見込み顧客）を重視し営業活動を注力していくのか」という、次のアクションのための数理モデルになります。

　具体的には、営業中のリード（見込み顧客）ごとに、次の3つの予測値を出すことで、リード（見込み顧客）の優先度をつけていきます。

- 受注確率
- 受注金額
- LTV（顧客生涯価値）

受注確率とは、受注しやすいかどうかを見極めるために使います。

　受注金額は、受注した場合の売上金額です。通常は、その受注年だけの売上になります。

　LTV（顧客生涯価値）とは、ある1年間の売上ではなく、10年間取引が継続するのであれば10年分の合計売上になります。LTVは離脱率（取引がなくなる確率）から計算することができます。売上ベースのLTVは、「LTV＝年間売上÷離脱率」となります。そのため、受注後の離脱率を予測することで、LTVを予測することができます。

　したがって、目的変数Yとして、次の3つになります。

- 受注の有無（1：受注、0：失注）
- 受注金額
- 離脱の有無（1：離脱、0：継続）

データセットは、次の2つになります。

- 新規顧客獲得までのデータセット
- 既存顧客の離反・継続のデータセット

## 新規顧客獲得までのデータセット

| | A | B | C | D | E | F | G | H | I | J | K | L |
|---|---|---|---|---|---|---|---|---|---|---|---|---|
| 1 | cd | registration_date | Industry_Type | Company_Size | Status | number_of_days_until_status | Sales_Visit | Seminar | Order | date_of_orders | number_of_days_until_order | Order_Volume |
| 2 | K09001 | 2015/6/9 | 2 | 1 | 1 | 0 | 0 | 1 | 1 | 2015/10/2 | 115 | 118190000 |
| 3 | K09001 | 2015/6/11 | 2 | 1 | 2 | 2 | 1 | 1 | 1 | 2015/10/2 | 113 | 118190000 |
| 4 | K09001 | 2015/7/6 | 2 | 1 | 3 | 27 | 2 | 1 | 1 | 2015/10/2 | 89 | 118190000 |
| 5 | K09001 | 2015/10/2 | 2 | 1 | 4 | 115 | 7 | 1 | 1 | 2015/10/2 | 0 | 118190000 |
| 6 | K09002 | 2015/6/15 | 2 | 1 | 1 | 0 | 0 | 0 | 1 | 2015/10/7 | 114 | 107815000 |
| 7 | K09002 | 2015/6/22 | 2 | 1 | 2 | 7 | 1 | 0 | 1 | 2015/10/7 | 107 | 107815000 |
| 8 | K09002 | 2015/9/30 | 2 | 1 | 3 | 107 | 2 | 1 | 1 | 2015/10/7 | 7 | 107815000 |
| 9 | K09002 | 2015/10/7 | 2 | 1 | 4 | 114 | 4 | 1 | 1 | 2015/10/7 | 0 | 107815000 |
| 10 | K09002 | 2015/6/1 | 2 | 1 | 1 | 0 | 0 | 1 | 1 | 2015/10/12 | 123 | 07816000 |

| 変数名 | 説明 |
|---|---|
| cd | 顧客企業コード |
| Registration_date | 案件登録日 |
| Industry_Type | 業種（1：製造　2：小売　3：建設　4：その他） |
| Company_Size | 企業規模（1：大企業　2：中小企業　3：小規模　4：その他） |
| Status | 顧客ステータス（1：引合　2：訪問　3：提案　4：受注） |
| Number_of_days_until_status | 案件登録日から顧客ステータスまでの日数 |
| Sales_Visit | 訪問回数 |
| Seminar | 自社セミナー参加の有無（1：参加　0：な未参加） |
| Order | 受注の有無（1：受注　0：失注） |
| date_of_orders | 受注確定日 |
| number_of_days_until_order | 案件登録日から受注確定日までの日数 |
| Order_Volume | 受注金額 |

## 既存顧客の離反・継続のデータセット

| | A | B | C | D | E | F | G | H |
|---|---|---|---|---|---|---|---|---|
| 1 | cd | churn | Industry_Type | Company_Size | Sales_Visit | Order_Volume | trading_period | Total_Order_Volume |
| 2 | K11001 | 0 | 1 | 1 | 17 | 138600000 | 16 | 4589118000 |
| 3 | K11002 | 0 | 1 | 1 | 14 | 146000000 | 20 | 5902719000 |
| 4 | K11003 | 0 | 1 | 1 | 26 | 15950000 | 1 | 31900000 |
| 5 | K11004 | 0 | 1 | 1 | 9 | 5750000 | 5 | 54204000 |
| 6 | K11005 | 0 | 1 | 1 | 30 | 158600000 | 20 | 6358191000 |
| 7 | K11006 | 0 | 1 | 1 | 14 | 58300000 | 20 | 2335381000 |
| 8 | K11007 | 0 | 1 | 1 | 18 | 8620000 | 3 | 54208000 |

| 変数名 | 説明 |
|---|---|
| cd | 顧客企業コード |
| churn | 離脱の有無（1:離脱　0:継続） |
| Industry_Type | 業種（1:製造　2:小売　3:建設　4:その他） |
| Company_Size | 企業規模（1:大企業　2:中小企業　3:小規模　4:その他） |
| Sales_Visit | 年間訪問回数 |
| Order_Volume | 年間取引金額 |
| trading_period | 取引年数 |
| Order_Volume | 総取引金額 |

目的変数 Y が 3 つあるため、フィッシュボーンチャートを 3 つ作ります。次のようになりました。

## 某 IT 系企業のリード（見込み顧客）のフィッシュボーンチャート

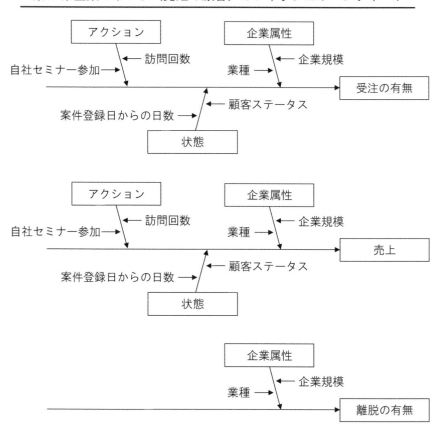

※LTV（売上ベース）＝年間取引金額/離脱率

目的変数Yによって、構築した数理モデルは異なります。

- 受注の有無（1：受注　0：失注）→ロジスティック回帰モデル
- 受注金額→線形回帰モデル
- 離脱の有無（1：離脱　0：継続）→ロジスティック回帰モデル

このように、複数の数理モデルを構築し併せて使うケースが、実際には多くなります。

今、線形回帰モデルおよびポアソン回帰モデル、ロジスティック回帰モデルの、数理モデルの構築事例をいくつか紹介しました。

話しを簡単にするため、数式は一切使いませんでしたし、分析ツールを使った紹介でもありませんでした。イメージを掴むことを主眼に置いたからです。

興味ある方は、分析ツールの操作方法をメインにした書籍などを参考に、実際に手を動かしながら学んで頂ければと思います。

—————— 著 者 紹 介 ——————

高橋　威知郎（たかはし　いちろう）

株式会社セールスアナリティクス　代表取締役
データ分析・活用コンサルタント

内閣府（旧総理府）およびコンサルティングファーム、大手情報通信業など
を経て現職。約 20 年間、一貫してデータ分析に携わる。現在は、営業やマーケ
ティング、生産、開発などの現場における地に足がついたデータ分析・活用
（データドリブン化）の支援を実施。

問題解決のためのデータ分析基礎講座

2020 年 2 月 10 日　初版第 1 刷発行

著　者　高　橋　　威　知　郎

発行者　中　野　　進　介

発行所　株式会社 ビジネス教育出版社

〒102-0074　東京都千代田区九段南 4-7-13
Tel 03（3221）5361／Fax 03（3222）7878
E-mail info@bks.co.jp https://www.bks.co.jp

落丁・乱丁はお取り替えします。　　　　　　組版／株式会社武蔵野ビジネス企画
　　　　　　　　　　　　　　　　　　　印刷・製本／三美印刷株式会社

ISBN978-4-8283-0799-2